だれもが学べる博物館へ

公教育の博物館学

駒見和夫

学文社

目　次

序　章　市民の博物館理解 ——————————————— 7
　1　博物館に抱かれるイメージ ……………………………… 7
　　(1) 利用者の目的　7
　　(2) 利用者の印象　9
　2　利用者が望む博物館 ……………………………………… 11
　　(1) 博物館に対する不満　11
　　(2) 利用を妨げるバリア　14

第1章　博物館と教育 ——————————————— 16
　1　近代の博物館に至るまで ………………………………… 16
　　(1) 博物館的施設の萌芽　16
　　(2) 近代博物館の前段階　17
　2　公教育機関としての博物館の誕生 ……………………… 18
　　(1) フランス革命後の変化　18
　　(2) 大英博物館の開館　21
　　(3) 公教育を根幹とした近代博物館　22
　3　日本の博物館理念 ………………………………………… 23
　　(1) 博物館理念の導入　23
　　(2) 博物館の創設　25
　　(3) 教育的役割の変化　28
　　(4) 博物館教育の位置づけ　31

第 2 章　博物館教育の意義 ───────────── 34

　1　現代博物館の位置づけ ………………………………… 34
　　（1）博物館の役割に対する国際理解　34
　　（2）わが国の博物館認識　37
　2　現代博物館と教育 ……………………………………… 38
　　（1）教育を目的とする博物館　38
　　（2）博物館教育への期待　40
　3　生涯学習の展開 ………………………………………… 42
　　（1）生涯教育施策の推移　42
　　（2）生涯をとおして学ぶ意味　45
　4　博物館における生涯学習 ……………………………… 47
　　（1）既往の対応　47
　　（2）新しいシステムの構築　48
　　（3）生きることを学ぶ博物館へ　50

第 3 章　博物館の開放 ───────────────── 53

　1　障害をもつ人たちを取り巻く状況の推移 …………… 53
　　（1）庇護から自立へ　53
　　（2）ノーマライゼーションの思潮　54
　　（3）心身障害者対策基本法から障害者基本法へ　55
　　（4）バリアフリー，そしてユニバーサルサービスへ　57
　2　障害をもつ人と公教育 ………………………………… 58
　　（1）学習機会の保障　58
　　（2）生涯教育機関における対応　60
　3　発達障害をもつ人たちへの視点 ……………………… 62
　　（1）施策の推移　62
　　（2）社会参加へのニーズ　64
　4　開かれた博物館へ ……………………………………… 65
　　（1）障害をもつ人の迎え入れ　65
　　（2）博物館での出会い　67
　　（3）受容システムの構築　68

第4章　バリアフリーな博物館へ ── 71

1　障害をもつ人たちに対する施設整備策の動向 ……………… 71
　（1）生活保障に向けた基盤整備のスタート　71
　（2）バリアフリー化の推進　73
　（3）高齢社会対策の進行　74
　（4）「障害者基本計画」と「障害者自立支援法」　75

2　障害をもつ人の行動特性と留意点 …………………………… 76
　（1）障害をもつ人たちの実態　77
　（2）肢体不自由　78
　（3）視覚障害　80
　（4）聴覚障害　83
　（5）言語障害　83
　（6）内部障害　83
　（7）発達障害　84

3　博物館施設の課題 ……………………………………………… 84
　（1）導入部門　86
　（2）展示・普及部門　86
　（3）利用に適った博物館の基本構造　88
　（4）バリアフリーな博物館への展望　90

第5章　博物館運営の新基軸 ── 92

1　ハードとマネジメントの視点 ………………………………… 92
　（1）施設・設備の改善　93
　（2）運営システムの改善　95

2　博物館活動の視点 ……………………………………………… 97
　（1）触察展示のひろがり　97
　（2）触察展示のガイドライン　100
　（3）見る展示の改善　102
　（4）障害をテーマにした展示　104
　（5）ワークショップや普及活動の改善　105

第6章　視覚型から知覚型の展示へ ——————— 108

1. 博物館展示の目的とあり方 ················· 108
    - (1) 展示の目的　108
    - (2) 視覚型展示からの脱却　110
2. 視覚認識と知覚認識 ······················· 112
    - (1) 資料観察の比較　112
    - (2) 知覚観察の効果　115
3. 知覚型展示への転換 ······················· 117
    - (1) 動線内点在タイプ　118
    - (2) 独立集約タイプ　120
    - (3) 全館タイプ　122
    - (4) 知覚型展示の展望　123
    - (5) 保存機能の再認識　125

第7章　心理的バリアの解消 ——————————— 128

1. 心理的バリアとその負担 ··················· 128
    - (1) 要因と反応　128
    - (2) 博物館システムによる心理的負担　129
2. 空間構造の整備 ··························· 132
    - (1) 展示空間の規模　132
    - (2) 利用者動線　133
3. 空間設備の適正化 ························· 136
    - (1) 展示装置　136
    - (2) 展示照明　137
4. 空間条件の緩和 ··························· 139
    - (1) 色彩　139
    - (2) 音　141
    - (3) におい　143
    - (4) 情報　144

終　章　人がつくる博物館 ──────────────── 146

　　1　博物館の楽しさ　………………………………………　146
　　　（1）博物館における娯楽性　146
　　　（2）楽しさの条件　147
　　2　博物館と利用者をつなぐ人　…………………………　149
　　　（1）迎え入れる意識の自覚　149
　　　（2）アクセスコーディネートの能力の獲得　152

あとがき ─────────────────────── 155
索　引 ──────────────────────── 159

序　章　市民の博物館理解

　すべての人が集まり，だれもが支障なく利用できる博物館の実現をめざして，基盤となる理念や具体的なあり方を考え，今後の方向性を導き出すことが本書の目的である。そのはじめに，市民にとって博物館がどのように理解されているのかを把握し，博物館が市民の生活にかかわるものとして積極的に利用されるための手がかりを探ることとしたい。

1　博物館に抱かれるイメージ

　日本博物館協会の調査集計によれば，2016（平成28）年度の博物館園入館者数は，回答のあった2034館において1億5240万3917人を数え[1]，すべての国民が年間1.2回程度は博物館園を利用したことになる。ちなみに，日本映画製作者連盟発表の2017（平成29）年全国映画概況を読むと，劇場への年間入場者は1億7448万3000人である。劇場映画鑑賞が大衆娯楽として人々に親しまれ，普遍化しているとみるならば，数値からすると博物館園の利用も同様あるいはそれ以上ということになる。

(1) 利用者の目的

　このように社会において定着感がうかがえる博物館園を，人々はどのように捉えているのだろうか。図1はそれらの機関や施設を利用する目的をたずねたアンケート調査の結果である。質問は，博物館園のなかで博物館（資料館・郷土館・文学館・科学館を含む）と美術館（工芸館・陶芸館を含む）について，7項目のなかから各々に該当するものをすべて選んでもらった。

　この回答では，「資料や作品の観察・鑑賞（見る）」が博物館と美術館ともにもっとも多く，いずれも全回答者の40％前後を占めている。予測されたことだが，これが博物館・美術館の一般的な捉え方である。次いで「楽しむ（遊ぶ）」

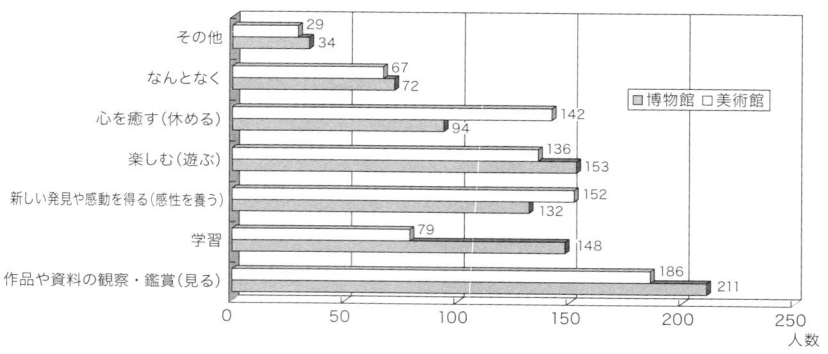

図1　博物館・美術館の利用目的
＊和洋女子大学の学生とその家族・知人を対象に，2007年4月実施。
回答者478名（内訳は男性：124名，女性：354名．19歳以下：142名，20～39歳：172名，40～59歳：133名，60～79歳：24名，80歳以上：7名）

と「新しい発見や感動を得る（感性を養う）」が多く，博物館と美術館のいずれも30％前後の回答となっている。娯楽的な期待が比較的高いのがわかる。このうち，博物館の利用目的で「楽しむ（遊ぶ）」の153人（32.0％）は意外であった。「資料や作品の鑑賞（見る）」の211人（44.1％）に次ぐ多さである。5年前に同じ趣旨を質問した結果では，娯楽的な期待はほとんどみとめられなかった[2]。急速にその期待が高まっているわけだが，推進の方向にある参加体験やハンズ・オンといった博物館展示の変化も影響していると思われる。博物館は楽しいとする理解が広まっているのであろう。

　一方，「学習」と答えたのは博物館では148人（31.0％）だが，美術館では79人（16.5％）でしかない。博物館には娯楽的期待とほぼ同割合で学習施設としての捉え方がみられるが，美術館にはそれが希薄である。「心を癒す（休める）」の回答をみると「学習」とは対称的な結果が出ており，美術館には学ぶことよりもくつろぎを求めるような期待が大きいと理解できる。「新しい発見や感動を得る（感性を養う）」も一面では癒しにつながり，この回答数が博物館よりも美術館で上回っているのも，そのあらわれであろう。

　全体的にみると，多くの人は作品や資料を観察・鑑賞するために博物館や美

術館を利用するのだが，観察・鑑賞により何を得たいのかは多様といえる。そのなかで，博物館に対しては学習と娯楽性への期待が同じようにあるが，美術館には静的な娯楽性を強く求めていることがわかる。

(2) 利用者の印象

次に，博物館や美術館は人々にどのような印象を抱かれているだろうか。その回答をグラフに示したのが**図2**である。印象を簡単な言葉で記すことを求めたもので，おおむね10通りの答えにまとめることができた。なお，複数の印象を答えている場合はすべてを取り上げ，各項目でカウントした。

全体的には，博物館や美術館に対し好感をもって捉える印象の割合がやや高い。このうちもっとも多いのは対象者の135人（28.2%）が答えた「楽しい・おもしろい」といった印象で，博物館や美術館を好ましく捉えているものである。比較的若い世代に多い。利用目的で楽しさが求められていたが，そうした期待に応えている館は少なくないということであろう。

好ましい場所と肯定的に捉える回答には，ほかに「落ち着く・心休まる」「知識の獲得・発見の場」「綺麗」「華やか」という印象があった。中高年層の占め

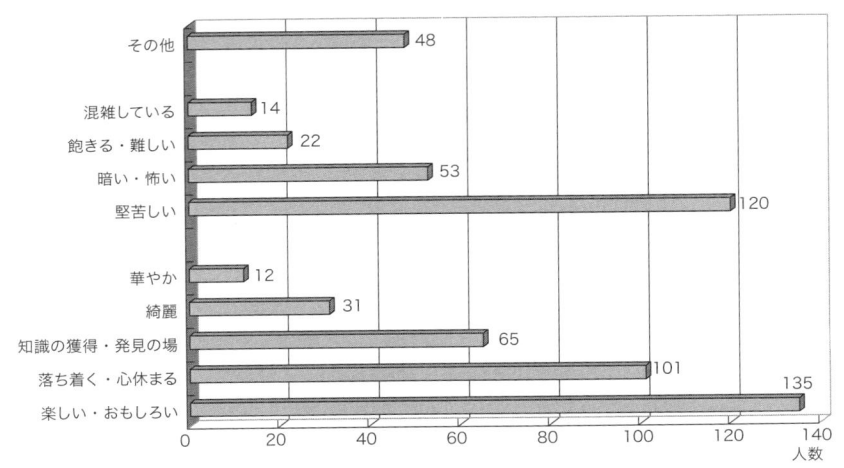

図2　博物館・美術館の印象
＊アンケート対象者等は図1と同じ

る割合が高い。「楽しい・おもしろい」はどちらかといえば動的な捉え方とみられるが，「落ち着く・心休まる」は静かにゆったりと観察・鑑賞する感覚と理解される。これが21.1％で「楽しい・おもしろい」の割合と近い。質問では博物館と美術館を区分してはいないので両者の違いが出ているのかもしれないが，博物館や美術館に好感を抱くなかでも，動的と静的な捉え方がなされているようである。

　また，「知識の獲得・発見の場」という印象は学習機関としての理解と思われるが，その数は65人(13.6％)で，さほど高い割合ではない。

　一方，「堅苦しい」という回答のように，好ましくない場所とみる印象が120人(25.1％)あった。年齢層に偏りはあまりみられない。「楽しい・おもしろい」と好ましく捉えられる反面，それに近い割合でほぼ正反対の印象を抱かれ，博物館や美術館が否定的にみられている。この「堅苦しい」は「落ち着く・心休まる」と同様に静的な感覚と考えられるが，両者を比較すると，館の静的な雰囲気を好ましくないものと捉える割合の方が多いのである。

　同じく好ましくない場所として捉えている印象には，「暗い・怖い」「飽きる・難しい」「混雑している」がみられた。"暗い"点は博物館や美術館での保存管理の機能とも関係するが，"暗い"ことから"怖い"という感覚も抱き，親しみにくい印象をもつ人が少なくはないということであろう。

　また，「混雑している」博物館や美術館は，現状をみるとごくわずかでしかないのだが，このような印象が一定数みとめられるのは，特定の企画展や館への利用者の集中傾向を反映しているように思われる。

　「その他」でまとめた回答には，"工夫がみられる""満たされる""親しみやすい""広い"といった好感的な印象と，"疲れる""古くさい""遠い"などの敬遠気味な印象とがほぼ同じ割合でみられた。

　なお，この回答者に最近1年以内の博物館・美術館利用回数をたずねた結果が図3である。もっとも多いのは，博物館では1～3回で，次いで利用のない0回となり，両方で92.5％とほとんどを占める。美術館では0回がもっとも多く，1～3回とあわせるとこちらも91.7％となる。両者とも平均すると1～

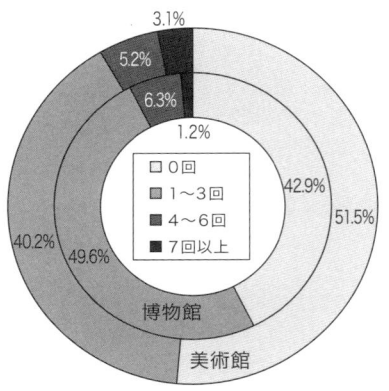

図3　博物館・美術館の年間利用回数
＊アンケート対象者等は図1と同じ

2回程度の利用となり，先の日本博物館協会の統計と近くなるが，7回以上も利用する熱心な活用者がわずかながらいる反面，博物館で42.9％，美術館で半数を超え51.5％を占める利用しない人たちの存在は大きい。

つまり，冒頭の数値でみるほどに，博物館や美術館は人々にとって利用度の高い，親しみ深い場所となりえてはいないのである。

2　利用者が望む博物館

上記のアンケート調査から読みとれるように，博物館や美術館に好ましくない印象をもつ人が約4割も占めている。一方，この1年間に博物館・美術館を利用しなかった人の割合はこれを若干上回るが，両者の数値が近似するのは，好ましくない印象が博物館利用を阻んでいるゆえと看取される。

(1) 博物館に対する不満

それでは，利用者はどのような様子の博物館や美術館を望んでいるのだろうか。図4は改善点や要望に対する回答をまとめたもので，その内容は4つに大別することができる。

第1は館全体の状況にかかわる事がらで，「気楽に入れる雰囲気」「混雑の緩

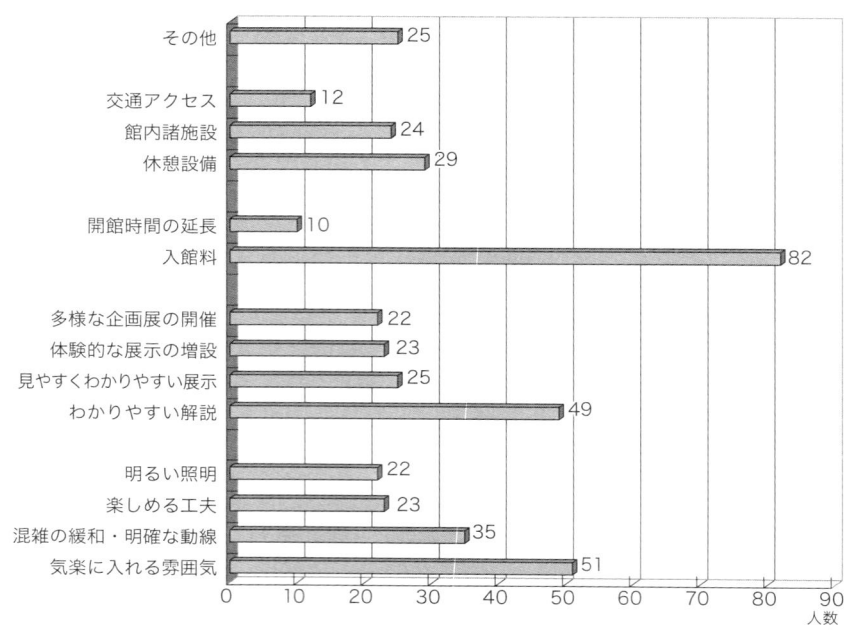

図4 博物館・美術館に望む改善点
＊アンケート対象者等は図1と同じ

和・明確な動線」「楽しめる工夫」「明るい照明」があった。このうちもっとも多い「気楽に入れる雰囲気」は，先の堅苦しい印象を取り除くためと考えられ，博物館や美術館を利用すること自体に，心理的負担を感じている人の存在を知っておく必要がある。「楽しめる工夫」や「明るい照明」といったことも堅苦しさへの改善につながる内容であり，これらをあわせると回答者の約2割にのぼる。混雑の緩和に関しては，入館者の多い企画展などにおける動線の工夫や入場制限を設ける意見がみられ，その動線については順路を迷ってしまう展示に対しての不満もあげられていた。

　第2は展示に関する内容で，「わかりやすい解説」が頭抜けて多く，「見やすくわかりやすい展示」「体験的な展示の増設」「多様な企画展の開催」がほぼ同じ数値でみられる。解説に対しては，専門的すぎる内容への不満や，わ

かりやすい解説シート類・音声ガイドシステム・解説員の配置を求めるもののほか、キャプションや解説パネルの文字が小さいことと、暗すぎて文章が読めない点への改善要求もあった。作品や資料の展示物についても同様で、暗いことと、照明の不備による反射や影などで見えにくいことがあげられている。さらに、全体の展示内容が難しすぎてわかりにくいものがあることも指摘されている。体験的な展示をより多く望む声は、参加体験やハンズ・オンといった展示が利用者に一定の評価が得られていることを示唆するものと思われる。多様な内容の企画展の開催を求める意見も、固定的な展示への批判であるとともに、工夫された企画展に対する評価や期待として受けとめられよう。

　第3は博物館の運営システムにかかわる内容で、「入館料」についてはすべての意見のなかでも指摘した人の数が際立っている。記載をみると低廉な料金を求めるものが大部分で、その背景に思いをめぐらすと、博物館や美術館は入館料を徴収するのが当然として理解されているようである。冒頭でふれた日本博物館協会の統計をみると約29％の博物館園は無料であるが、大規模館や積極的に宣伝される企画展は例外なく有料となっており、博物館・美術館の入館料徴収が常識と考えられているのであろう。後に考察するが、この認識は博物館の本質にかかわる問題として注視すべきである。いずれにしろ、入館料に対する利用者の不満は相当に大きい。

　また、料金に関しては、館内のレストランやカフェの割高な金額や、音声解説機器の使用料への改善要求も示されていた。博物館に併設されたレストランなどは、多くの場合限られた利用者を対象とした営業とならざるをえず、採算をあわせるのは難しいのであろうが、たしかに館内で各種のサービスを利用するとかなりの金額となってしまう。「開館時間の延長」については、ほとんどが平日夜間の開館を求めるものである。

　第4は博物館・美術館の施設環境に関するもので、「休憩設備」はその増設が求められている。回答者の年齢をみると中高年層に多く、展示室で座って鑑賞ができることを望む意見もみられた。「館内諸施設」についての改善はエレベーターやエスカレーターの設置を求めるものが多く、障害をもつ人たちへ

の各種の配慮が不十分とする指摘もあった。「交通アクセス」への改善要望は，公共交通機関での利用の便が悪く，自動車以外では利用しづらい館に対する不満に集約される。

「その他」にまとめた内容は，多いものから順に"企画展やワークショップなどの情報の不足""不快な人的対応""写真撮影の不許可""ミュージアムグッズの充実"であった。情報に対する要望は，どのような展示やワークショップがどこで開催されているのかがわかるように，広報を工夫してほしいといった意見である。人的な対応への不満についてはなんらかの不快な体験をもった利用者の指摘で，内容はおもに受付や展示監視員の接客態度に向けられている。対人姿勢は利用者へのもてなしにつながり，それへの不満足は館の親しみやすさにかかわるイメージに直結してしまう。

写真に関しては展示室での記念撮影を望む意見と，撮影が許可されている場合でも，かなり暗い状況であってもフラッシュや三脚の使用が許されておらず，実質的には撮影できないことへの不満が記されていた。また，ミュージアムグッズに対するものは，販売するショップの設置や商品の質と量の充実を求める意見である。

(2) 利用を妨げるバリア

上記のアンケート調査から把握できるように，今日の博物館（以後，一般的な博物館園を包括して用いる）における人々の一般的な利用目的は，展示された作品や資料の鑑賞・観察であるが，そこに求めるものは学ぶことと，より高い期待度の娯楽性のようである。このような博物館を好ましい場所と評価して捉える人は少なくないのだが，反面で，過去１年間利用のない人が４割近くに達することが示しているように，その利用が広く積極的におこなわれているとはいいがたい。

そして，人々が博物館へ気楽にアプローチすることを阻んでいる要因は，その機能ともかかわる堅苦しいイメージや，わかりにくくて楽しくないと捉えられる展示，運営上のシステムや施設環境の問題などがみとめられる。それらが市民の博物館利用を妨げるバリアとなっており，すべての人が集まり，だれも

が支障なく利用できる博物館の実現に向けて，検討しなければならない課題である。そのなかで，あらゆる人が利用できることにおいて，障害をもつ人に対する視点は今日の社会的すう勢ともいえるが，すべての課題の根源は彼らにかかわる問題の本質に強く結びついたものと考えている。

　本書はこのような問題点に取り組んでいくのだが，まず第1章では，博物館は市民社会においてどのような役割を果たすべき機関なのか，この点を明らかにすることから始めたい。

註
1)　「平成28年度　博物館入館者数」『博物館研究』Vol.53 No.4　日本博物館協会　2018
2)　駒見和夫「博物館における娯楽の役割」『和洋女子大学紀要』第43集（文系編）　和洋女子大学　2003

第1章　博物館と教育

　今日の博物館活動において，人々の教育に資する役割はだれも否定するものではなかろう。博物館の教育をどのように位置づけるかは，大別して2通りの考え方がみられる。1つは，博物館の機能において，資料の収集，保存管理，調査研究とともに，展示・普及などの活動を教育機能としてみとめるもので，いま1つは，博物館を資料の収集，保存管理，研究，展示などをとおして教育の役割を担う機関とするものである。前者は博物館の機能の一部に教育を位置づける考え方で，後者は博物館活動の総体を教育とみなす捉え方といえる。

　結論を述べると，現代博物館の社会的存在の根幹は公教育（公共性をもつ教育）機関として機能する点にあり，博物館における教育は，活動の総体として博物館が遂行すべき目的と考える。本章では博物館発達史の検討を中心に，そのことを明らかにしていきたい。

1　近代の博物館に至るまで

　博物館発達史からみると，機能の面で大きく変貌し今日の博物館の骨格が整うのは近代のヨーロッパであるが，まずはじめに近代博物館以前の博物館的施設の変遷を，その機能を中心に概観しよう。

(1) 博物館的施設の萌芽

　博物館の起源に関して，わが国では棚橋源太郎氏がはじめてこれに言及され，イギリスのディビッド・マーレー（David Murrey）が著した"Museums - Their History and their Use"（1904年刊）を参考に，エジプト王朝の都アレクサンドリアに設けられたムゼイオン（Mouseion）であるとした[1]。ムゼイオンは，B.C. 305年にエジプト王朝を創建したプトレマイオスⅠ世が創設し，ギリシャから学者や詩人らが招かれて，学術研究や芸術活動の拠点として機能したとさ

れる。そこには研究用の機器や資料が各地から集められ，付属の施設には図書館や植物園，さらにプトレマイオスⅡ世の時代には小動物園も設けられたという。つまりムゼイオンの性格は研究機関であり，同時に学者や芸術家の育成がおこなわれ，収集資料はそのために活用されたと考えられる。

　一方，博物館の起源には異論もある。1つは，さらに古く遡り，アテネのアクロポリスの聖なる丘にB.C. 430年代に建てられたピナコテーク（Pinacotheca）に求める考えで，内部に女神アテナに捧げられた絵画があったことから，原始的形式の美術館（博物館）とみなすのである[2]。ピナコテークは巡礼者の休憩所でもあり，絵画は人々への観覧を意図したかもしれないが，本来の目的は神への絵画の献上であって，展示・公開は副次的と理解される。

　いま1つは，古代ギリシャで学芸の各部門をつかさどった9人の"ムーサイの座（神殿）"に求め，その最初とみられるB.C. 5世紀ごろのギリシャの神殿とするものである[3]。この神殿の一部には各種の戦利品や彫刻類を納めた宝物庫があり，民衆にも披瀝されて展示・公開の役割を果たしたようであるが，目的からするとそのことはやはり副次的といえる。

(2) 近代博物館の前段階

　ムゼイオンが終焉した4世紀以降について，棚橋氏は，ローマ時代，中世，文芸復興期，インド航路の開通・新大陸の発見，に区分され変遷を追っている[4]。棚橋氏以後の博物館発達史の考察もおおむねその区分を踏襲しており，これに沿ってみていきたい。

　まずローマ時代は，主として王侯・貴族や富豪層が美術作品や珍奇品を収集し，邸宅の装飾品として楽しむことを特権とした。この状況は"家庭的小博物館"とも表現されているが，収集品の主たる機能は装飾でしかない。ローマ時代の初期には美術品や珍奇品が寺院や市街に据えられて，大勢の目にふれることも稀ではなかったようである。しかし，やがてこれが失われ家庭での装飾品になってしまうのは，寺院や市街での設置の目的が公開ではなく，場所を飾りたてる装飾的意味合いが強かったためと考えられる。

　次の中世では，前代の貴族や富豪といった個人に加え，社会の中心的存在と

なった教会や寺院が珍品や美術品を集めて公開し，参詣人獲得の手段にしたとされる。これについて，教会の視覚教育の一翼と位置づけて教育機能面で高い評価を与える見方[5]と，モノを集めて人に見せるという行為でしかないため教育的機能には否定的な考え[6]が示されている。教会や寺院での公開はそれらの宣伝や教義の強化，さらには権威の確立などに役立てようとするものであり，観賞する人たちに貢献しようというものではない。したがって社会的な教育とは一線が画されよう。

15世紀の文芸復興期は，古典を再認識する機運のもと美術作品や古物などの研究者が勃興して，おもに研究のための資料の収集がさかんとなり，そのコレクションを収蔵した施設が多数出現してくる。さらに，インド航路の開通・新大陸発見の時期には，遠隔地の自然物をはじめとする珍品稀物の収集が活発化し，コレクションをまとめた施設がいっそう多くなっている。この状況は17世紀に科学研究が著しく進歩し，ヨーロッパ各国に学会が興ったこととも関係深く，増加した資料収蔵施設の主目的は文芸復興期と同様で研究にあったと捉えられる。

1683年に誕生したオックスフォード大学のアッシュモレアン博物館は，最初の公共博物館とも位置づけられるが，機能を果たすべき対象は研究者と学生であり，一般の民衆をほとんど考慮していない。この時期までには，博物館活動の核となる資料の収集と保管のシステムの一定の確立をみとめることはできるが，民衆とのかかわりでは現代の博物館と大きく異なっている。

2　公教育機関としての博物館の誕生

18世紀になると機能の面で従前と大きく変貌した博物館が誕生する。その契機は封建的諸関係を打ち破った市民革命であった。

（1）フランス革命後の変化

1789年，ヨーロッパではフランス大革命が起こり，人民の自由と平等をうたった人権宣言が採択される。これを受けて，1792年に「公教育の全般的組織に関する報告および法案」がコンドルセ（Condorcet）によってまとめられ[7]，

そこでは公教育の一手段として博物館が位置づけられた。ちなみに，革命前の1750〜70年代に編集された『百科全書』の"musée（博物館）"の項では，研究のための資料収集の重要性が指摘され，博物館を研究的な機関と定義している[8]。『百科全書』はフランス啓蒙思潮の一到達点を示すものであるが，この後のフランス大革命と人権宣言における人権追究の姿勢が，博物館の捉え方を大きく変えることとなった。その転換点ともいえるコンドルセが提出した法案の概要は以下の内容である。

まず，前文において「国民教育は公権力の当然の義務である」とし，国民教育の第1の目的を次のように提示している。

「自分の要求を充足し，幸福を保証し，権利を認識して，これを行使し，義務を理解して，これを履行する手段を，人類に属するすべての人々に供与すること，自分の才能を完成し，従事する権利を有する社会的職務を遂行する能力を身につけ，生得の才能を十全に発達させるための便宜を各人に保証すること，またそれによって国民の間に平等を実際に樹立し，かつ法律によって承認されている政治的平等を実際的なものとすること」。

そして，これを実現に導く手段として，教育を小学校，中学校，アンスチチュ（すべての公職を遂行するために必要な知識，および産業の完成に役立つことの知識が教えられる），リセー（科学および技術の最も高度なるものの全部ならびに一部を教授する施設，学者やアンスチチュの教授も養成），国立学士院の5階梯に区分され，博物館の位置づけはリセーにおける教育の記載にみとめられる。すなわち，

第4条　各リセーには，大図書館，植物学および農業用の植物農園，および博物館—博物学および解剖学の標本，物理器具および機械模型の収集物，古美術品，絵画，彫刻の収集品を収納する—が附設される。図書館および博物館は公開される。

第5条　各リセーにおいて，その管理は2名の管理委員に委ねられる。管理委員の職務は，事物の分類，破壊の防止，収集品の充実，および収集品を公衆に利用させることである。管理委員はさらにリセーの諸教室および建造物の監督を行なう。

第9条　教育の全階梯を通じて，教育は無償で行なわれる。
とされるものである。
　つまり，「教育を完全に終えたような青年に対しても，また成人に対しても共通に行なわれるであろう」リセーでの教育の手段として，図書館や植物農園とともに博物館が位置づけられ，それらは無償で授けられるものとしている。コンドルセの法案が示す教育的役割を付与された博物館は，リセーに附属した高等教育の一部を受け持ち，ひろく公衆の教育に寄与するものとはみなされていない。しかし，だれもが権利をもち，それを行使できる公教育の一機関に位置づけられたことは，博物館が公衆のなかにある社会的存在にはじめてなりえたということを示している。
　なお，法案の前文には国民教育で配慮されねばならないこととして，
　　「教育は人々が学校を卒業するその瞬間に，かれらを見棄ててしまって
　　はならないということ，教育はすべての年齢にわたって行なわれるべき
　　であるということ」
があげられており，さらに指導原理において，
　　「教育は普遍的でなければならない。すなわち全国民に広く及ぼされな
　　ければならない」
と示されている。公教育という機能のなかに博物館が置かれるならば，それは生涯を通じての学習をあまねくおこなう場と位置づけられ，この点において，今日の生涯学習の場として博物館が果たすべき役割と相通じるといえよう。
　コンドルセの法案は，革命下の内外情勢の緊迫化や政党抗争などにより成立には至らなかった。けれども，その教育思想のもとで公教育の保障が進行した結果，翌1793年にフランス国民会議はルーブル宮殿を共和国立博物館とし，収蔵美術品とともに市民に無料で開放（10日間に3日の割合）することを決めた。この時，ジャルダン・デ・プランテ（Jardin des Plantes，宮廷附属庭園）も共和国立自然史博物館の一部門として市民に公開されている。公教育の役割を担い，社会的存在となった博物館の誕生である。

(2) 大英博物館の開館

　博物館をめぐる新しい動きは同じころのイギリスでも起きている。収集家として知られた王室侍医のハンス・スローン (Hans Sloane) が，自ら築きあげた膨大なコレクションを譲渡し，その保存と自由な公開を遺言で求めた。これに応えて 1753 年，議会は大英博物館法を制定し国家として管理することを決め，1759 年に最初の国立博物館である大英博物館が開館した。

　大英博物館法では収蔵品の役割を，

　　「全ての技芸と科学はお互いに関係を持っている。進歩や改良に寄与する自然科学の諸発見や他の科学の思索的な知識もまたしかりである。Museum や Collection とか呼んだものの意義は，最も有効な試みや発明の手助けとなる。あるいは成功に導くことを豊富な例で示すことにあるだろう。……Museum や Collection は保存され維持されるべきものだが，それは研究のためや学者や好奇心の強いもの達の楽しみのためであるばかりでなく，もっと広く一般の公衆のための利益として行なわれるべきものである」

と定義しており，「全ての規定の日と都合の良いシーズン」にはだれでも自由に観覧し，研究できるようにすることが定められている[9]。ただし，当初は身分格差による入場制限が事実上存在し，現代のような一般公開はおこなわれなかったらしい[10]。けれども，広く一般の利用と公衆の利益に寄与しようとする理念は，実現の具体的な方法として，公衆に対する教育的機能の発揮に結びついていくものである。

　イギリスでは約 1 世紀を経た 1845 年に，「博物館法：大都市に博物館を創設することを助成する法律」が国会で制定された。これは公立博物館の建設運営を条例にもとづいて奨励するものであり，あわせて入館料を徴収しないことなどが定められていた。税金で維持され，すべての人の利用が可能な博物館を支える法制度が整ったことにより，公衆のためにある博物館の位置づけが制度的にも明らかとなり，社会的存在が確立されたといえる。

　以後の状況をみると，例えば 1857 年に創設されたサウス・ケンジントン博

物館では，展示解説やガイドブックの頒布，さらに巡回展の実施など，公教育を目的とした博物館活動がおこなわれている。博物館が公衆の中に位置づくためにもっとも機能が発揮できる方法を追及したとき，導き出された答えは教育的な活動だったのである。

（3）公教育を根幹とした近代博物館

上記のように，フランスやイギリスでは，啓蒙思潮の浸透や市民革命などによって封建的諸関係が崩壊し，天賦の人権，すなわち自由で平等な個人が保障され，知識面での解放が進行した。それにより，博物館には公衆のための教育的役割が与えられ，あるいは見いだされ，人々とともにある社会的存在になったと捉えることができる。

こうして 18 世紀から 19 世紀にかけて成立した博物館は，公衆とのかかわりの点で，それ以前の博物館的施設とは決定的に異なっている。今日の博物館が，公衆のためにいかなる活動をおこなうべきかという姿勢で成り立っていることを考えるならば，その出発点は公教育機関としての博物館の出現にあるといえる。すなわち現代博物館の直接の起源がここにあり，公教育に対する教育的役割こそが，公衆社会における博物館の最大の存在意義ということができる。

教育的役割を担うようになった博物館では，門戸をあらゆる人に開くことにより啓蒙的な役割を果たしはしたが，展示をはじめとする当初の活動内容は，研究者や一部の愛好家を満足させるものでしかなかったようである。しかし，公教育の役割を掲げた近代博物館ではそれを遂行するために，教育的機能の深化が次第に図られていった。陳列資料を，研究者のための研究資料と一般の人々のための資料とに区別する二元的展示をはじめ，総合展示，組み合わせ展示，生態展示，ジオラマ展示，野外展示など，多様な方法による展示の改革が次々におこなわれ，また，題箋や解説パネルの導入，さらに解説活動なども生み出され，公教育機関としての博物館が機能するようになる。それが今日の，公衆と近い関係をもつ博物館の姿へとつながっていくのである。

フランスやイギリスを中心としてヨーロッパで登場した近代博物館は，ほどなくアメリカでも設立される。アメリカの近代博物館の特色は，多くが住民主

導のもとで篤志家の寄付により創設されたことにある。その結果，博物館は当初より地域社会における住民の公教育機関として存在した。背景には，伝統的に形成された重厚なコレクションが乏しかったことも考えられるが，それ以上に，ヨーロッパで確立をみた，博物館を公教育機関とする認識が住民主導の設立や運営の原動力になり，博物館づくりが推進されたものと看取される。

　1869年にニューヨークに開館したアメリカ自然史博物館や，1870年のメトロポリタン美術館，1876年にマサチューセッツで創設されたボストン美術館は，いずれも住民主導で設立運営され，地域社会の教育機関として機能してきたことはよく知られている。こうして成立をみたアメリカの博物館は，今日に至るまで，公衆に対する教育的役割において積極的な活動が展開されているのである。1950年代には博物館の教育活動に特化した専門職（Museum Educator）が世界に先駆けて登場していることも，アメリカの博物館における教育的役割の確立を示している。

　こうして欧米で発達した近代博物館は，やがて日本でも導入される。

3　日本の博物館理念

　わが国の博物館の起源については，古代にさかのぼって，正倉院をはじめとする寺社の宝物殿や神社の絵馬堂，あるいは鎌倉時代以降の寺院の御開帳や出開帳，同じころから武家を中心に普及した書院造りの床の間，また，江戸時代に本草学の進展からはじまった物産会に求める考えなどがある。しかし，これらは今日の博物館がもつ保存や展示などの機能の一部と共通するが，その機能の発展・延長上に今の博物館があるのではない。博物館を受け入れる下地にはなったであろうが，以下に示すように，日本の博物館は明治維新の前後に欧米から導入された近代博物館の思想をもとにスタートをきった。

(1) 博物館理念の導入

　わが国に欧米の博物館を具体的に紹介し，その役割とともに必要性を最初に説いたのは福沢諭吉である。福沢は，1860（万延元）年の新見豊前守正興らの遣米使節団（咸臨丸の乗組員としてサンフランシスコまで），さらに1862（文久2）

年に派遣された竹内下野守保徳らの遣欧使節団の随員に加わっている。

　万延元年の遣米使節団は,「パテントオヒース (Patent Office, 特許局陳列場)」や「スミスヲニヲ (Smithsonian Institution, スミソニアン協会)」など,当時の博物館施設を見学したことが,村垣淡路守範正の『遣米使日記』[11]をはじめとする使節団員の日記にある。また,文久2年の遣欧使節団は欧州諸国をめぐり,ルーブル宮廷附属庭園の「ジャルダン・デ・プランテ (Jardin des plantes)」や「大英博物館 (The British Museum)」など,各国の博物館園を訪れたことが福沢の『西航記』[12]に記されている。

　これらの欧米での見聞や外国の書物をもとに福沢は,1866 (慶応2) 年,欧米各国の歴史,政治経済,軍事,福祉・教育施設などの概略や西洋近代社会の原理や実情をまとめた『西洋事情』初編[13]を著した。この巻之一に博物館の項目があり,

　　「一　博物館は,世界中の物産,古物,珍物を集めて人に示し,見聞を博くする為めに設るものなり。……」

とし,「ミネラロジカル・ミュヂエム」「ゾーロジカル・ミュヂエム」「動物園」「植物園」「メヂカル・ミュヂエム」に分け,具体的に紹介している。また,博物館と役割を相互に補うものとして博覧会をあげ,次のような説明がある。

　　「一　前条 (博物館の条) の如く,各国に博物館を設けて,古来世界中の物品を集むと雖ども,諸邦の技芸工作,日に闢け,諸般の発明,随て出,随て新なり。之が為め,昔年は稀有の珍器と貴重せしものも,方今に至ては陳腐に属し,昨日の利器は今日の長物となること,間ゝ少なからず。故に西洋の大都会には,数年毎に産物の大会を設け,世界中に布告して各ゝ其国の名産,便利の器械,古物奇品を集め,万国の人に示すことあり。之を博覧会と称す。……　○博覧会は,元と相教へ相学ぶの趣意にて,互に他の所長を取て己の利となす。之を譬へば智力工夫の交易を行ふが如し。又,各国古今の品物を見れば,其国の沿革風俗,人物の智愚をも察知す可きが故に,愚者は自から励み,智者は自から戒め,以て世の文明を助くること少なからずと云ふ」。

さらに，2年後に出版された『西洋事情』外編[14]では，巻之二の「政府の職分」の項で人民の教育について述べ，その役割を担う1つを次のように博物館に求めている。

「其他，国内に書庫を設け，本草園を開き，博物館を建，遊園を築く等のことは，人民を開花するの一大助なるが故に，政府より其施行を助けざる可らず。其法，或は富人の私に財を散じて之を設るものあり，或は官府より之を建るものあり。何れも皆広く国人に恩を施すの趣意なり。国に是等の場所あれば，自から人心を導て放僻邪侈の風を除き，悪業に陥入る者少し。行て其場所に逍遙すれば人の健康を助け，行て其実物を観れば人の智識を博くす」。

これらから，博物館は収集展示をもとに知識や経験を積む施設であり，常に開放すべきところと認識されているのがわかる。そして，博物館の役割を補完し，おもに最新の器械や名産品などを教え学びあうことを目的として，定期的に披瀝する企画を博覧会だとする。すなわち，欧米で発達した公教育の機能を保持したものを博物館として捉えて紹介し，人民に対する教育的役割を果たすために，政府が中心となって設立するよう主張しているのである。

『西洋事情』は幕末から維新の知識者層に普及しており，各方面へ果たした啓蒙的役割は大きい。博物館という用語やその存在，さらに公教育の役割を備えた概念は，これにより人々にある程度は知られることになったと考えられる。つまり，わが国の博物館に対する考え方のスタートは，公教育機関を強く意識したものだったのである。

(2) 博物館の創設

博物館創設に至るまでと初期の博物館は，かなり複雑な動向を示す(表1)。これについては加藤有次氏と椎名仙卓氏の詳細な考察があり[15]，両氏の研究を手がかりに該期の変遷を博物館の性格に視点を据え追ってみる。

博物館創設の嚆矢は，1871（明治4）年5月に東京招魂社で開催された「大学南校物産会」で，鉱物や動植物などの自然史関係資料が中心に出品された。この博覧会（開催時の名称は物産会）大旨の上申[16]に示された開催の目的は，

表 1　日本における博物館草創期の略年表

年　代	事　　項	
1866（慶応 2）	『西洋事情』初編（福沢諭吉）刊行	
1867（慶応 3）	5 月：パリ万国博覧会に幕府が参加	
1868（明治元）	3 月：神仏判然令が出され廃仏毀釈が進行 『西洋事情』外編（福沢諭吉）刊行	
1869（明治 2）	6 月：昌平学校（旧，幕府学問所）を大学校として，開成学校・医学校・兵学校を分局とする 12 月：大学校を大学，開成学校を大学南校，医学校を大学東校とそれぞれ改称	
1871（明治 4）	3 月：大学南校物産局博物局博覧会大旨の上申 4 月：古器旧物保護方策について大学が太政官へ献言（集古館建設の案） 5 月：大学南校物産会が九段招魂社で開催 古器旧物保全についての布告（太政官） 7 月：大学を廃止し文部省を置く 9 月：文部省に博物局を置き，湯島聖堂大成殿を博物局の観覧場（博物館）とする 10 月：第 1 回京都博覧会が西本願寺で開催	
1872（明治 5）	1 月：文部省博覧会開催の布達 2 月：博覧会事務局を太政官正院に設置 3 月：文部省博覧会を湯島大成殿で開催 6 月：書籍館が湯島大成殿中に開館	
1873（明治 6）	3 月：博物館・書籍館・博物局・小石川薬園を文部省から太政官博覧会事務局へ移管し，博物館は内山下町へ移転 5 月：ウイーン万国博覧会に政府が公式参加 博覧会事務局と博物館・書籍館・博物局・小石川薬園の合併取り止めの上申を，田中不二麿が太政官正院に提出（明治 8 年まで 5 回） 6 月：大博物館建設について博覧会事務局が太政官正院に上申	
1875（明治 8）	2 月：博物館・書籍館・博物局・小石川薬園を博覧会事務局から分離し，文部省へ移管（博物館は東京博物館，書籍館は東京書籍館，小石川薬園は小石川植物園と改称） 3 月：正院博覧会事務局を博物館と改称し，内務省の所管とする 5 月：東京大博物館建設の報告書を佐野常民が太政大臣へ提出	
1876（明治 9）	4 月：内務省の博物館分掌事務を改正し，事務担当を博物局，物品陳列場を博物館と称す	
1877（明治 10）		1 月：文部省の東京博物館を教育博物館と改称
	8 月：第 1 回内国勧業博覧会が上野公園で開催	8 月：教育博物館が上野公園内に移転して開館
1881（明治 14）	4 月：内務省の博物館の所管が新設された農商務省へ移る	
		8 月：教育博物館を東京教育博物館と改称
1882（明治 15）	3 月：農商務省の博物館が上野公園に移転して開館	

1886（明治19）	3月：農商務省の博物館の所管が宮内省へ移る	
1888（明治21）	1月：宮内省博物館を図書寮附属博物館と改称	
1889（明治22）		3月：東京教育博物館が高等師範学校付属東京教育博物館となる
	5月：図書寮附属博物館を帝国博物館と改称	
	以後	以後
	1900（明治33）…東京帝室博物館	1902（明治35）…東京高等師範学校付属東京教育博物館
	1947（昭和22）…国立博物館	
	1952（昭和27）…東京国立博物館	1914（大正 3）…東京教育博物館
	と変遷する	1921（大正10）…東京博物館
		1931（昭和 6）…東京科学博物館
		1949（昭和24）…国立科学博物館
		と変遷する

「博覧会ノ主意ハ宇内ノ産物ヲ一場ニ蒐集シテ其名称ヲ正シ其有用ヲ弁シ或ハ以テ博識ノ資トナシ或ハ以テ証徴ノ用ニ供シ人ヲシテ其知見ヲ拡充セシメ寡聞固陋ノ弊ヲ除カントスルニアリ……」
とされ，要項の中に，
「一　来観ノ輩ハ男女貴賎ヲ論スルコトナシ……」
の一項があることから，『西洋事情』での福沢諭吉の主張と同様に，ひろく民衆の知識に益するもの，つまり公教育的な意識が看取できる。

また，この博覧会の中心的推進者であった田中芳男の講演禄[17]に，「殖産興業の精神から成立って博覧会をやり博物館を開くといふことに従事した」とあり，博覧会の開催が，殖産興業の開途を目指した博物館設置の布石であったことが知られる。したがって民衆への知識啓蒙が，殖産興業に資することを意図していたと理解される。

翌1872（明治5）年3月には，旧湯島聖堂大成殿の文部省（1871年に大学を廃して設置）博物館を会場に文部省博覧会が開催された。その布達には「永久博物館」への預け置きについての項目があり，常設博物館に備えた資料の収集が図られている。

一方，博覧会とは異なる方向からも博物館設置の動きがあった。1868（明治元）

年の「神仏判然令」による排仏毀釈の進行にともない，仏像・仏具などの古文化財の破壊が顕著となった。このため1871（明治4）年，大学は古器旧物の保護方策として集古館の建設を太政官に献言し[18]，ほどなく太政官は古器旧物の保全について布告している[19]。この集古館の設置は実現しなかったが，役割はやがて博物館に付託されることになる。

ただし，集古館の建設を計画した大学の町田久成や田中芳男が，古器旧物の保存施設として"博物館"とは別の"集古館"を考えたことは興味深い。つまり，博物館には先述のように殖産興業に対する知識面での寄与が付託されていたのである。またそれ以上に，文化財の保存を目的とした集古館を博物館と分けて考えていた背景は，民衆の啓蒙教育に資する公開の施設として博物館を位置づけていたからではないかと推察される。

（3）教育的役割の変化

その後，1872（明治5）年に太政官の正院に博覧会事務局が設置され，翌年に文部省の博物館・書籍館・博物局・小石川薬園をこれに合併。1875（明治8）年には合併されていた4機関を博覧会事務局から再分離して文部省所管に戻すなど，紆余曲折の経緯をたどっている。

合併から分離までの間，再三の合併取止めの上申が文部省の田中不二麿から提出されている。このうち1874（明治7）年1月30日の上申[20]には，

　　「……両館（博物館・書籍館）之儀ハ生徒実地経験之為メニ相備ヘ傍ラ人民一般開知之一端ニ可具趣意ニ有之迅ニ御決裁不相成候而ハ生徒授業上殊更差支候儀モ有……」

とあり，博物館について人民の一般的な教育とともに学校教育での重要性が示され，とくに後者の位置づけが強調されている。

文部省とすれば，所管を取り戻すためには学校教育との結びつきを主張することが肝要であったのだろうが，この方針が後の文部省の博物館を方向づける端緒となったように思われる。

再分離後，文部省の博物館は東京博物館と改称され，また，正院の博覧会事務局は博物館と改称し内務省の所管となった。以後，わが国の博物館の中核は

この2系統で進展をみる。

　東京博物館については，所蔵の資料を博覧会事務局に引渡すことが決められたため[21]，新たに自然史関係を中心として資料収集がおこなわれた。当初は一般公開されていないが，1877（明治10）年1月に教育博物館と改称され，8月に上野公園内へ移転して開館するに至っている。開設の目的については，

> 「……凡ソ教育上必需ナル内外諸般ノ物品ヲ蒐集シ教育ニ従事スル者ノ捜討ニ便シ兼テ公衆ノ来観ニ供シ以テ世益ヲ謀ランカ為メ設立スル所ナリ。……」[22]

とされ，また同年，ダビット・モルレー（David Murray）が著し文部省より刊行された『日本教育史略』[23]に，

> 「近来文部省ニ於テ東京諸学校ノ便宜ニ備ヘンカ為メ博物館一所ヲ設立セリ然モ是レ又衆人ノ縦看ヲ許可ス此博物館ハ普通博物館ノ如キニアラズ特ニ教育上須要ノ事物ヲ蒐集セルモノナリ」

と記されているように，ここは教育に関する専門的な博物館であるが，内容は学校教育のための実地経験に主眼が置かれ，ひろく民衆を対象とした公教育とは趣意を異にしていたのである。

　教育博物館は1881（明治14）年に東京教育博物館と改称され，理学教育の第一人者であった手島精一の館長就任を機に，理学の振興と学校教育の資質の向上がめざされるようになった。この後の一時期は組織が縮小され，高等師範学校付属東京教育博物館から東京高等師範学校付属東京教育博物館へ替わり，その後再び東京教育博物館へと変遷する。

　1921（大正10）年になると今度は東京博物館と改称され，この時に示された博物館の目的が，

> 「……自然科学及其ノ応用ニ関シ社会教育上必要ナル物品ヲ蒐集陳列シテ公衆ノ観覧ニ供スル所……」[24]

とあり，ここに至って公教育に対する役割が押し出されるようになった。以後，東京科学博物館を経て，現在の国立科学博物館に至っている。

　一方，内務省の博物館においても，国立の博物館創設に向けて準備が進めら

れていく。ウィーン博覧会事務局の副総裁であった佐野常民は，1875（明治 8）年 5 月に東京大博物館建設の報告書を太政大臣に提出している。この下地となったワグナー（Guttfried Wagner）の報告[25]では，構想博物館の教育的役割が以下のように述べられている。

> 「……夫レ諸学校ニ於テ教授スル処ハ固ヨリ諸教育ノ根原ナリ然レトモ一種ノ学派アリテ講理実学ノ両性ヲ兼有シ学校ニ於テハ教授シ克ハサル者アリ何トナレハ此派ノ学タル多少ノ年歯ト若干ノ経撿トヲ要ス其件ハ学生ノ企及スベカラサル所ニシテ又一種特派ノ教授ナレバナリ且学校ニ於テハ此教育ヲ全完スル為メ要用ノ物料ヲ有セサレバナリ而シテ只一殊別ノ建館ヲ期ス所謂博物館ナル者是ナリ抑其博物館ハ多少盛大ニ人間工業諸科ノ産出物ヲ備置シ単ニ知識ヲ博ムルノ便宜ヲ与フルノミナラス又知学上一般教育ノ為メ饒多ノ物料ヲ供セリ……」

すなわち，ここでも博物館の教育的役割は学校教育との関連で捉えられており，公教育に対する役割が乏しいのである。内務省博物局（1876 年の分掌事務の改正で事務担当を博物局とした）より刊行された 1879（明治 12）年改正の「博物館分類一覧表」[26]をみると，博物館に設けられた教育部の役割は，

> 「此部ハ一般人民ヲ教育スル所ノ学校及ヒ工藝技術学校ニ於テ教授ニ用ヰル諸物品ヲ陳列ス又学校教室ノ景況或ハ生徒ノ健康ヲ保護スル機械等モ亦此ニ収ム」

とされ，教育的機能が学校教育に対するものであることが明示されている。

この博物館は 1881（明治 14）年に新設された農商務省に所管が移り，翌年 3 月に内山下町から上野公園内に新築された建物へ移転し，完全な常設博物館が完成することとなった。ここでは 1 月 5 日から 12 月 15 日の間の月曜日以外が開館日と定められ，5 歳以上を有料とし，日曜 5 銭，平日 3 銭，土曜 2 銭であった。

この動向と併行して，上野公園では内国勧業博覧会が開催され，ともに殖産興業を進めるための啓蒙的な性格をみてとることができる。

その後，1886（明治 19）年には宮内省へ移管され，1888（明治 21）年に宮内省図書寮附属博物館に改称となった。翌年にはそれが廃されて宮内省所管の帝国

博物館となり，1900（明治33）年に東京帝室博物館と改められている。この間，宮内省には1888（明治21）年に臨時全国宝物取調局が置かれて宝物調査が進められ，1897（明治30）年になるとそれが廃止されて帝国博物館が事務や実務を引継ぐこととなった[27]。また，同年に施行された「古寺社保護法」は帝国博物館（当時）の資料体制を整備する意図もあった。

こうしたことから，博物館の活動は歴史資料や美術工芸資料の収集と保存に重点が移されていったと捉えられる。かつて，町田久成や田中芳男らが博物館とは別に設けようとした集古館の機能を，宮内省の博物館が担うことになったと理解されよう。東京帝室博物館は戦後に国立博物館となり，現在の東京国立博物館へと至る。

（4）博物館教育の位置づけ

これまでみてきたように，ヨーロッパで誕生し欧米で発達をみた近代博物館が，幕末から明治初期にその理念とともに日本へ導入されたのである。欧米の近代博物館は，人権を保障するための公教育に対する機能が確立したことにより，成立したのであった。

日本の場合，福沢諭吉が『西洋事情』で伝えた博物館は人民の教育に寄与するものであり，博物館創設の布石の意図で開催された初期の物産会や博覧会の主旨も，同様に公教育的な性格が強いものであった。ところが，博物館設置が具体化するとともに，博物館の教育的役割の対象は公教育から学校教育へと力点が移されていったのである。

これは，1872（明治5）年の学制頒布にみられるように，学校教育の整備・強化策が背景にあった。後に設立される文部省の教育博物館は，教育の機能を前面に出した博物館であったが，それは教育の全般ではなく学校教育を見据えたものであった。また，内務省系の博物館も，教育機能は殖産興業に対する知識啓蒙的なものから次第に学校教育へと偏り，宮内省に所管が移ると，教育よりも収集・保存が重視されるようになったのである。ここに至って，近代博物館の根源である公教育機関の位置づけが，わが国では薄らいでいったように看取される。

市民が主導し，人権を確立するための知識解放の手段として博物館を位置づけた経緯をもたない日本では，博物館の役割が欧米とはやや逸れた方向に進むのは仕方なかったのかもしれない。そして，政府が推進した博物館施策の方針が，他の公・私立の博物館にも強く影響を与えたことは，各博物館の動向をみれば明らかである。

　明治期ではその後，いわゆる社会教育と近似の"通俗教育"が施策化してくるが，学校教育を重視した博物館ではあまり結びつくことはなかった。明治の末になると通俗教育が富国強兵策のもとで"思想善導"と"社会教化"をめざすものとなり，やがてドイツを模倣した郷土化教育と結びつくこととなった。その結果，昭和初期には学校に郷土資料室が設置されるとともに，郷土博物館が各地で誕生している。

　この郷土博物館は民衆教育の役割が強く押し出されたものであるが，教育の目的は，海外への軍事的侵略と一体化した皇国史観にもとづく思想強要の傾向が強く，人権を保障するための公教育ではない。

　敗戦による民主国家建設を契機に，このような郷土博物館は姿を消す。同時に，戦前期の博物館教育が思想教化に機能する部分が多かったため，戦後しばらくは，博物館での教育に対する役割が否定的にみられることもあった。

　こうした経緯から，公教育機関とする近代博物館の根幹が，わが国では今日までスムーズに伝わってこなかったのである。

註
1) 棚橋源太郎氏は，「ムゼイオン」という名称を『博物館・美術館史』（長谷川書房　1957）から用いているが，それ以前の『世界の博物館』（大日本雄辯會講談社　1947）ではこれを「ミューズ館」，『博物館學綱要』（理想社　1950）では「ミューゼ」と呼称している。
2) 小川光暘「I-1 ヨーロッパの博物館史」『博物館学講座』第2巻　雄山閣　1981
3) 伊藤寿朗「序章 博物館の概念」『博物館概論』学苑社　1978
4) 棚橋源太郎『博物館・美術館史』長谷川書房　1957
5) 註2文献
6) 加藤有次「近代博物館変遷史にみる教育的役割―主として社会教育における博物館理念の思想史への試論―」『國學院大學博物館学紀要』第1輯　國學院大學博物館学講座　1969

7) コンドルセ（松島鈞訳）「公教育の全般的組織に関する報告および法案—1792年4月20日および21日，公教育委員会の名によって国民議会に提出された—」『公教育の原理』明治図書　1962
8) 実証的研究推進のためのコレクション形成と併設の図書館における研究機能を背景に，『百科全書』では博物館を重要な研究機関と位置づけようとしていることが指摘されている（倉田公裕・矢島國雄『新編博物館学』東京堂出版　1997）。
9) ジョフリー・D・ルイス（矢島國雄訳）「英国博物館史　その1：1920年までのコレクション・コレクター・博物館」『MUSEUM　STUDY』1　明治大学学芸員養成課程　1989
10) 米田文孝「I-1-2 博物館の歴史」『博物館学概説』関西大学出版部　1998
11) 阿部隆一編『遣米使日誌』文学社　1943
12)〜14) 『福沢諭吉選集』第1巻　岩波書店　1980，所収
15) 加藤有次「第3章　博物館の史的変遷」『博物館学総論』雄山閣　1996，椎名仙卓『日本博物館発達史』雄山閣　1988
16) 太政類典，明治4年3月
17) 「7-4 田中芳男君の経歴談」『東京国立博物館百年史』資料編　第一法規　1973
18) 太政類典，明治4年4月25日
19) 太政官日誌，明治4年5月23日
20) 東京書籍館書類，明治7年1月13日
21) 太政官日誌，明治8年2月9日
22) 公文録文部省之部，明治10年
23) 『教育史善本叢書』日本教育史1　雄松堂　1988，所収
24) 『創立110周年記念　国立科学博物館の教育普及活動』国立科学博物館　1988
25) 澳国博覧会報告書博物館部二（『東京国立博物館百年史』資料　第一法規　1973）
26) 博物館分類一覧表，明治12年4月改正（『東京国立博物館百年史』資料　第一法規　1973）
27) 例規録，明治30年（『東京国立博物館百年史』資料　第一法規　1973）

第 2 章　博物館教育の意義

　前章でみたように，機能の面で大きく変貌し，今日の博物館の骨格が整うのは近代のヨーロッパにおいてである。フランスやイギリスでは啓蒙思潮の浸透や市民革命などによって封建的諸関係が崩壊し，天賦の人権すなわち自由で平等な個人が保障され，知識面での解放が進行した。その一連として成立した博物館は，公衆の人権の確立と保障のために知識を解放する役割が求められ，あるいは見出され，学校教育や社会教育を包括した公教育機関であることを根幹とするものであった。これにより博物館は公衆とともに活動する社会的存在になったのであり，社会に定着してきた博物館の存在意義といえる。

　本章では，現代の博物館が公教育の遂行を目的とした機関であることをふまえ，その役割を見据えたうえで諸機能の充実を図らねばならないことを示していきたい。さらに，現在推進されている生涯学習について，わが国でおこなわれるようになった経緯と目的や意義について述べ，博物館が果たすべき教育とのかかわりを考えることとしたい。

1　現代博物館の位置づけ

　19 世紀末から 20 世紀初めにかけて，欧米では博物館の協会組織が設立されるようになった。これは博物館事業の促進や調整を図る機関で，公教育機能を強化するためには各博物館の組織化が必要であることを結成背景の 1 つとしている。もっとも早く設立されたのはイギリスの博物館協会（1889 年）で，続いてアメリカ博物館協会（1906 年），ドイツ博物館連盟（1917 年），フランス博物館協会（1921 年）などが誕生している。

（1）博物館の役割に対する国際理解

　19 世紀末から 20 世紀初頭に設立された欧米の博物館の協会組織が核とな

り，国際連盟の専門機関であった知的協力委員会のもとで，博物館国際事務局（International Office of Museums）が1926年に設置されたが，第2次世界大戦前の混乱に翻弄され，わずか10年で機能を失ってしまった。しかし大戦後の1946年，国際連合の国際教育文化機関（ユネスコ）の下部機構に国際博物館会議（The International Council of Museums〈略称ICOM〉）が創立され，博物館の国際組織が復活した。

ICOMは博物館と博物館専門職を代表する国際非政府組織であり，その定める規約は博物館の定義や活動のあり方を包括的な視野から提示しており，現代博物館の位置づけに対する国際的な見解を知ることができる。1946年の創設以降，1951年に憲章が採択されて，1989年までに3度の大幅な改定を重ねているが，この規約を中心に博物館の定義をみていきたい。

まず，1951年に制定された国際博物館憲章では，博物館の定義にその目的を次のように示している。

「博物館とは，芸術，美術，科学及び技術関係の収集品，ならびに植物園，動物園，水族館等，文化的価値のある資料，標本類を各種の方法で保存し，研究し，その価値を高揚し，なかんずく公衆の慰楽と教育に資するために公開することを目的として，公共の利益のために経営されるあらゆる恒常的施設をいう」[1]。

つまり，博物館に収集・保存・研究・公開の4つの機能をあげ，なかでも公衆の慰楽と教育に資するための公開に重きをおいていることが明らかである。ICOMの初代会長でこの憲章を起草したフランス人のジョルジュ＝アンリ・リヴィエール（Georges Henri Rivière）は，現代博物館学の創始者ともいえる人物で，リヴィエールの博物館学の講義では，博物館の役割において"社会に奉仕する"という点が繰り返し強調されているという[2]。これは前章でみたフランス革命後のコンドルセの法案以来，博物館を公教育の機関とする考え方が根底にあると斟酌され，近代博物館の歴史的経緯にもとづく理念を憲章の定義にみることができる。

この後，1960年には，「博物館をあらゆる人に開放する最も有効な方法に関す

る勧告」が第11回ユネスコ総会で採択された。勧告の原案は，同年にユネスコと日本政府が主催した「アジア太平洋地域博物館セミナー」で作成されたもので，公共博物館のあり方に関する提言である。この勧告では博物館の定義を，

> 「本勧告の趣旨にかんがみ博物館とは，各種方法により，文化価値を有する一群の物品ならびに標本を維持・研究かつ拡充すること，特にこれらを大衆の娯楽と教育のために展示することを目的とし，全般的利益のために管理される恒久施設，即ち，美術的，歴史的，科学的及び工芸的収集，植物園，動物園ならびに水族館を意味するものとする」[3]

とし，維持(＝保存)・研究・拡充(＝収集)の機能と，さらに強調して，大衆の娯楽と教育のための展示(＝公開)機能が示されており，ICOM憲章と同様に，教育の役割が娯楽に対する役割とともに上位に位置づけられている。

1962年におこなわれた憲章の改正では，従前に「施設」としていた博物館を「機関」と定義し，博物館の捉え方が大きく変えられた。続いて1974年に改正採択されたICOM規約では，次のように変化がみられる。

> 「博物館とは，社会とその発展に寄与することを目的として広く市民に開放された営利を目的としない恒久施設であって，研究・教育・レクリエーションに供するために，人類とその環境に関する有形の物証を収集し，保存し，調査し，資料としての利用に供し，また展示を行うものをいう」[4]。

この定義では，研究と，市民に対する教育およびレクリエーションを博物館の主たる役割とし，それを達成するために収集・調査・利用・展示がおこなわれるとしており，役割と機能がはっきり分けて示されている。すなわち，博物館が公教育機関であることを明確に位置づけているのである。なお，両改正の間の1965年，ユネスコ本部の成人教育推進国際委員会において，フランスの教育学者ポール・ラングラン（Paul Lengrand）により「生涯教育」が提唱され，その主張と理念は急速に広まって各国の教育施策に導入されている。

この後の改正は1989年で，採択された規約での博物館の定義は，

> 「博物館とは，社会とその発展に貢献するため，人間とその環境に関する物的資料を研究，教育及び楽しみの目的のために，取得，保存，研究，

伝達，展示する公共の非営利的常設機関である」[5]
となった。ここでは博物館の目的と機能がいっそう明確に示され，博物館は資料の取得（収集）・保存・研究・伝達・展示の活動によって，研究・教育・楽しみを目的とする機関と位置づけられているのである。以後の改訂では表現を若干変更されているが，この認識で現在に至っている。

このように，ICOMやユネスコ本部での博物館の捉え方をみると，現代では娯楽と研究の役割が重視されてきているのがわかる。それとともに，近代博物館成立以来の公教育に対する役割が，中核においてしっかりと確立されていることを読みとることができる。

(2) わが国の博物館認識

一方，日本における現代博物館の定義を博物館法でみておきたい。1951（昭和26）年に制定されたわが国の博物館法では第2条に博物館が定義され，

> 「この法律において"博物館"とは，歴史，芸術，民俗，産業，自然科学等に関する資料を収集し，保管（育成を含む。）し，展示して教育的配慮の下に一般公衆の利用に供し，その教養，調査研究，レクリエーション等に資するために必要な事業を行い，あわせてこれらの資料に関する調査研究をすることを目的とする機関」

とある。これは，先立って採択されたICOM憲章の影響も強いように思われる。ところが博物館の役割において，ICOM憲章は公衆の慰楽と教育に資するための公開に重点が置かれているのに対し，博物館法にはこの視点がみとめにくい。博物館の役割には，資料の収集・保管（含育成）・展示・必要な諸事業・調査研究が並列して示され，ここに教育に対する視座は入っていない。博物館に求められる教育的な役割については，"教育的配慮"と"教養"という表現で，それぞれ展示と必要な諸事業の一部に置かれているにすぎないのである。

博物館法は今日まで部分的な改正がなされているものの，この定義はまったく変えられていない。親法の社会教育法では博物館を社会教育機関，さらに今日では生涯学習機関として定めてはいるが，博物館法の定義ではその役割は明確にはなっていないのである。

日本での博物館の捉え方は，ICOM 規約などよりも博物館法の定義が一般に浸透している。ちなみに，『広辞苑』で"博物館"を引いてみると，

> 「古今東西にわたって考古資料・美術品・歴史的遺物その他の学術的資料をひろく蒐集・保管し，これを組織的に陳列して公衆に展覧する施設。また，その蒐集品などの調査・研究を行う機関」

とあり，収集・保管，公衆への展覧，調査・研究の機能は示されているが，ICOM 規約が明示するような公教育機関という位置づけを察知することはできない。博物館の諸機能が何を目的とするのかが不明確なのである。わが国の博物館機能に対する認識の大勢であろう。

ただし，2007（平成 19）年には教育基本法が改正され，新たに生涯学習の実現を目指す理念が掲げられた。これにより，生涯学習社会に対応するための博物館の機能を見直す視点などから，博物館法改正の検討が進められた。博物館における教育的役割の重要性は近年の日本博物館協会がまとめた報告書でも強く指摘されていたが[6]，改正に反映されるには至らなかった。

2　現代博物館と教育

すでに述べてきたように，現代博物館の直接的起源である近代博物館は公教育機関であることを根幹とするもので，その理解は ICOM の規約にも示されているごとく国際的な共通認識といってよい。ただし，この根幹の認識が今日までスムーズに伝えられてきたわけではない。

(1) 教育を目的とする博物館

19 世紀末から 20 世紀初めにかけて組織されたヨーロッパ各国の博物館協会は，不明確になりがちであった博物館の公教育機能を強化するために，連携の必要性を設立の一因としていた。また，イギリスでの博物館改革をうったえたイギリスカーネギートラストによるマイヤーズレポート（1928 年）やマーカムレポート（1938 年）は，いずれもその教育的役割や公衆に対するサービスの再認識を強調するものであった[7]。ICOM が示した博物館の定義も，当初は目的としての教育の役割があまり明確化されてはいなかった。収集・保存・資料研

究・展示などの諸機能がそれぞれ発達するにしたがい，各機能の統括的な目的が見失われる傾向にあったのではないかと思われる。また，アメリカ博物館協会では，博物館が公共的責任を果たすために教育施設としての役割を再確立し，さらに拡大させる方途を示した報告書が1992年に作成されている[8]。そこでは，博物館の使命において，教育の目的がすべての活動の根本にあることを明確にするようアピールされていた。

　日本の場合，明治維新の前後に公教育機関とする近代博物館像が伝えられ，ほどなく博物館が誕生する。にもかかわらず，わが国の博物館の歩みは公教育に対する役割が希薄なものであった。その点は博物館法に示された博物館の定義からも看取される。

　しかし，18世紀末の市民社会のなかで近代博物館が出現した所以は，繰り返して述べるがそこに公教育の機能が位置づけられたからであり，もしそれがなかったなら，今日の博物館の起源となる近代博物館は成立しなかったといえる。現代の博物館では，学校教育と社会教育を含めた公教育への役割とともに，社会的ニーズによって人びとの研究と楽しみの役割も重視され，博物館が果たすべき目的に加えられてきた。

　したがって，博物館の経緯から現代博物館を捉えるならば，それは公衆の教養と研究と楽しみ，すなわち楽しさをともなう教育が目的の機関であり，これを達成するために，資料の収集・保存管理，調査研究，展示，学習支援などの機能を保持するものということができる。つまり博物館教育とは，活動の総体として博物館が遂行すべき目的なのである。そして，遂行すべき目的の基盤は人権の保障であり，このことが現代博物館の存在意義となる（図5）。

　わが国では一般的に，資料の収集・保管，調査・研究，展示・教育が博物館の三大機能，あるいは収集と保管をそれぞれ独立した機能と分けて四大機能とされる場合が多い。そして博物館は，これらの活動を遂行することに本質がある機関とみられている。このような博物館機能の分類や考え方は，日本の博物館の歴史的変遷や博物館法の定義を受けて導き出されたものであろう。しかし，近代博物館の根幹が公教育機関への位置づけにあることから，博物館がもつ教

2　現代博物館と教育

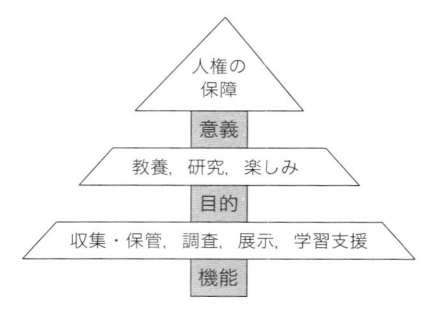

```
        ▲
       ╱人権の╲
      ╱ 保障 ╲
     ▔▔▔▔▔▔▔▔
      │ 意義 │
     ▔▔▔▔▔▔▔▔
    ╱ 教養，研究，楽しみ ╲
   ▔▔▔▔▔▔▔▔▔▔▔▔▔▔▔▔
      │ 目的 │
   ▔▔▔▔▔▔▔▔▔▔▔▔▔▔▔▔
 ╱ 収集・保管，調査，展示，学習支援 ╲
▔▔▔▔▔▔▔▔▔▔▔▔▔▔▔▔▔▔▔▔▔▔
      │ 機能 │
```

図5　博物館における教育の位置づけ

育の役割は，展示を中心とした部分的な機能にとどまるものではない。たしかに，博物館と人々を直接的に結びつけているのは展示であり，その公開を通じての教育的役割は，博物館活動のなかで顕著に発揮されるところであろう。けれども，資料の収集や保存管理は，収集・保管することが目的なのではなく，人びとの楽しさをともなった学びに資するためにおこなわれるのである。調査・研究の機能についても同様のことがいえる。

従来の博物館の研究では，教育は博物館の一機能と捉え，それが他の機能とどのようにかかわるのかの議論が多い。しかし，教育的活動は博物館が果たさなければならない目的なのである。資料の収集，保存管理，調査研究，展示，学習支援がそれぞれ有機的に機能することにより，公衆のための教養の学びと研究と楽しみの目的を果たす，という構造をなすものと考えるべきであろう。その根幹を貫くのは公教育機関としての位置づけである。

(2) 博物館教育への期待

1970年代になると，国際的潮流であった生涯教育の考え方がわが国にも導入され，文部省の施策をもとに博物館活動とのかかわりが議論されるようになった。1981(昭和56)年に出された中央教育審議会答申の「生涯教育について」では，生涯教育の条件整備の対象に博物館があげられ，1990(平成2)年には「博物館の整備・運営の在り方について」が社会教育審議会から答申された。この答申では生涯学習に対する関心の高まりを背景に，

「博物館における人々の学習活動を推進するためには，特に教育普及活動の充実が今後の重要な課題である。また，学習相談の実施など学習のための各種のサービスの提供等を行うよう努めることが必要である」

として，生涯学習社会に期待される博物館の役割が示された。そして対応を活発化させる整備のあり方として，人々の学習活動を推進するための学習支援活動の多様化と充実，人々の学習に資するための資料の充実と展示の開発，学習支援活動の基礎としての研究活動の充実，学校教育との関係の緊密化，などが求められている。ここにおいて，公教育機関としての博物館の位置づけを明確にすることができるようになったのである。

　しかし，博物館は元来が公教育機関なのであり，生涯教育に対する関心が高まったために教育的役割を重視するのではない。博物館が生涯を通じての学習をあらゆる人々に提供できる機関とする点でいえば，そのことはすでに18世紀末のフランスでコンドルセが指摘している（第1章2(1)）。今日主張されている生涯教育は，次節で詳述するが，提唱者のラングランがうったえたように現代の人間存在に対する挑戦的課題であり，課題の克服には避けて通ることができない生涯を通じての教育なのである。したがって，求められている現代の生涯教育に対応する博物館とは，先にあげた諸機能をとおして，人間存在に対する挑戦的課題に取り組む博物館と考えられる。公教育機関としての博物館の現代における方向性である。

　また，人々の生涯学習に対する要求の高まりを背景に，近年の博物館では多くの利用者を取り込むためのさまざまな工夫が施され，新たな展示方法の導入なども積極的におこなわれている。例えば，視聴覚装置やIT機器を取り入れた展示，ハンズ・オン展示やこれに類する参加体験型の展示，あるいはエコミュージアムのように博物館の形態を一変するようなものも生まれてきた。けれども，これらがたんなる物珍しさから，利用者の好奇心をくすぐるだけで終わっている例が少なくないように思われる。斬新な装置システムや展示法の多くが，全体の展示目的における構成のうえで不明瞭な位置づけになっているからであろう。つまり，公衆の教育に資するという博物館の根幹となる理念が希

薄なのである。学習環境が成立しない必要以上に暗い展示室や，読むことに苦痛をともなう小さな文字の解説やキャプションが珍しくないのは，博物館が公教育機関であることをほとんど認識していないあらわれと思われる。

　欧米で生まれ，いまや盛んに導入が図られているハンズ・オン展示についても，本来は利用者と展示との間の相互作用に教育的価値があり，明確な教育目標をもつことが前提なのである[9]。ところが，わが国の博物館ではこのような理念はあまり顧みられず，形態だけを模倣している例が多い。フランスを発祥とするエコミュージアムも，骨子となる学習の場として地域づくりをすすめる姿勢[10]が日本では曖昧であることが，なかなか根づかない理由ではないだろうか。したがって，現代の博物館の位置づけが公教育機関であることを明確にし，それにもとづいた機能やシステムの見直しがなされるべきだと思う。

3　生涯学習の展開

　生涯をとおして人々に学習の機会を提供する生涯教育は，1965年，ユネスコ本部の「成人教育推進国際委員会」において，フランスの教育学者であるポール・ラングランによって提唱されたことは前述したとおりである。この生涯教育論が1970年代以降にわが国でも注目されるようになった。

(1) 生涯教育施策の推移

　はじめに，わが国の教育施策において，これまでに提示されてきた生涯教育・生涯学習の捉え方を概観してみよう。

　1971（昭和46）年，社会教育審議会は「急激な社会構造の変化に対処する社会教育のあり方について」を答申した。この答申では，人口構造の変化と家庭生活の変化，都市化，高学歴化，工業化，情報化，国際化などの激しい社会的条件の変化現象に対して，ユネスコの成人教育会議で提唱された生涯教育の観点に立ち，社会教育を体系化することが強調されている。わが国の教育施策にはじめて生涯教育の言葉が用いられ，生涯教育を社会的条件の変化への対応として捉えるものであった。答申のなかで社会教育行政については，

　　「人々の自発的な学習を基礎として行われる社会教育を促進，援助する」

ものと位置づけ，生涯の各時期にわたり学習の機会をできるだけ多く提供し，人々の教育要求の多様化と高度化に応えることが求められている。

その後，1981（昭和56）年の中央教育審議会答申「生涯教育について」では，当面する文教課題の対応施策として生涯教育がとりあげられた。答申は生涯教育と生涯学習の関連性を明らかにしており，生涯学習については，

> 「各人が自発的意思に基づいて行うことを基本とするものであり，必要に応じ，自己に適した手段・方法は，これを選んで，生涯を通じて行うもの」

とし，生涯教育の考え方を，

> 「生涯学習のために，自ら学習する意欲と能力を養い，社会の様々な教育機能を相互の関連性を考慮しつつ総合的に整備・充実しようとする」

ものと示し，生涯学習を援助・保障するための教育制度の基本的理念として生涯教育が捉えられている。さらに，生涯教育の遂行のために公民館，図書館，博物館，文化会館などを整備し，それぞれ地域の特性を生かした意欲的な取り組みを求めるものであった。

では，こうした生涯教育の必要性が強く主張されるようになった背景は何であろうか。1990（平成2）年に中央教育審議会から答申された「生涯学習の基盤整備について」では，生涯学習実施の社会背景として，

> 「所得水準の向上，自由時間の増大，高齢化の進行等に伴い，学習自体に生きがいを見いだすなど人々の学習意欲が高まっていることに加え，科学技術の高度化や情報化・国際化の進展により，絶えず新たな知識・技術を習得する必要が生じている」

ことがあげられている。これは，1971（昭和46）年の社会教育審議会答申で指摘された社会的条件の変化を根底にしているのであろうが，とくに人々の生活のゆとりから生じる学習欲求の高まりを強調したものといえよう。そのうえで，当面する重要な課題として，生涯学習の条件整備や環境醸成を強調しているのである。

一方，1996（平成8）年に答申された生涯学習審議会の「地域における生涯学

習機会の充実方策について」では，博物館などの社会教育・文化・スポーツ施設について，地域住民の学習ニーズを的確に把握し，それに応えた学習機会を提供することを求めている。すなわち，

> 「変化する社会の中で充実した生活を営んでいくためには，様々な現代的課題についての理解を深めることが必要になってくる。例えば，地球環境の保全，国際理解，人権，高齢社会への対応，男女共同参画社会の形成などの課題がある。学習機会を提供する側においては，こうした現代的課題の重要性を認識し，そのための学習機会の充実を図ることが強く求められる」

とし，現代的課題に関する学習の積極的拡充が必要だとするのである。

以上の諸答申をふりかえると，生涯学習や生涯教育の性格，およびその社会的背景について，次の点が看取できる。

① 生涯学習は，人々の自発的な意思にもとづき，自ら選択する手段と方法によって，生涯をとおしておこなわれる学習である。
② 生涯学習を援助・保障するための教育制度上の基本的理念として，生涯教育が位置づけられる。
③ 生涯学習が求められる社会的な背景には，
　　(a) 学習意欲の高まり——所得水準の向上，自由時間の増大，高齢化の進行，家庭生活の変化など
　　(b) 学習の必要性　　——科学技術の高度化，情報化・国際化の進展，地球環境の保全，国際理解，人権，高齢社会への対応，男女共同参画社会の形成など

があげられる。

　これらの答申によって，生涯学習と生涯教育の概念や方向性はある程度明示されてきたといえる。ところが一方で，今なぜ生涯学習なのか，といった生涯学習のもつ意味については，時間的に変化がみとめられる。当初の生涯学習については，激しい社会的条件の変化に対応するものとして捉えられていた。しかし，1980年代以降は次第にソフト化され，生きがいのある充実した生活を

享受するものとの位置づけに重点が移り，90年代末には再び現代の諸課題に対する重要性が強調されているのである。このような生涯学習の考え方の基盤の変化は，それに対する方策を曖昧なものにしてきているように思われる。

だとすれば，本来の生涯学習のもつ意味は何だったのであろうか。この点を考えるために，生涯教育論の提唱者であるラングランの主張[11]に立ち戻って検討してみよう。

(2) 生涯をとおして学ぶ意味

現代社会における教育の重要性を説くにあたり，ラングランは人々のおかれた社会状況を次のように分析している。

> 「人間の条件の基本的既知事項に，今世紀の初頭以来，個人や社会の運命の諸条件を大幅に変え，人間の活動をさらに複雑化し，また，世界や人間行動に関する説明の伝統的な図式を疑問に付すような，一連の新しい挑戦が，いよいよ増大する鋭さをもって加わってきた」。

そしてこのような理念や習俗や概念の変化は，歴史的には目新しいことではないとしながらも，とりわけ，

> 「人は，ここ十年毎に，以前の解釈ではもはやこと足りなくなるほどの大変化を呈するような，物的，知的，道徳的世界に対面させられている」

と捉え，大変化を呈する8つの社会的要素を次のように示した。

① 人口の急速な増大（教育に対する需要の増大や，利用可能な資源との均衡にかかわる問題）

② 科学的知識及び技術体系の進歩（技術体系の領域で生じているきわめて急速な変化）

③ 政治的市民社会の諸構造の領域における変革（個々人が傍観者の立場をこえて，引き受けなければならない役割や機能に，決定的でもあるような諸変化を引き起こすこととなる）

④ 情報の増大（望むと望まないとにかかわらず，他の人について責任をもつような全地球的文明の展開）

⑤ 余暇活動の増大（余暇時間を全体としての社会のためと同様，自分自身の利益

のために適切に利用することが求められる）
- ⑥ 生活モデルや諸人間関係の危機（これまで，ゆっくりとした沈殿作用によって作り出されてきた，人間生活の伝統的タイプの崩壊）
- ⑦ 肉体の認識（人間の存在における肉体に帰せられる諸価値の承認）
- ⑧ イデオロギーの危機（確固とした思想の領域における疑問）

そのうえで，個人や社会の運命の諸条件を大幅に変え，人間の活動をさらに複雑化したこれらの社会事象の急激な変化に対し，

> 「世界を，政治的次元，物理的次元の両方において，それが現にあるがままに，それが成るがままに理解することは，人生の現実と，各人がそれについて獲得しなければならない認識との間の均衡の変わることのない必要条件である」

と述べ，さらに，激変する社会事象を理解する努力を怠るならば，

> 「人々は，自分自身の生活の舞台装置を認識しておらず，逐には自分自身をも認識しなくなってしまう」

と強く警鐘を鳴らしている。

ラングランは，このように現代社会に対するきわめて強い危機意識を提示し，その危機に対して，

> 「人である権利は，人である義務の中にその補足をもつ。このことは，責任の受託を意味する。自分について責任的であることを。自己の思想，判断，情感に対する責任を。自分が受諾したものと拒否したものについて責任をもつことを意味する。ひとつの精神的，宗教的，あるいは哲学的共同体に所属する仕方が百もある場合，これ以外にどのように考えることができよう。つまり現代人は，ある意味で，自律へと追いつめられている。彼は自由を命じているのだ。これはすこぶる窮屈な，しかし人を高揚させる状況である。この状況は，その代価を払うように定められた人々にしか獲得することができない。その代価とは，教育である」

と捉え，危機的な状況に置かれた人間の存在に対する挑戦の克服として，教育の問題を受けとめている。

すなわち，ラングランが提唱した生涯教育は現代の人間存在に対する挑戦的課題であり，その課題を克服する手段が生涯を通じての教育なのである。この問題意識はきわめて明快かつ実践的であり，半世紀以上も前に提起された主張であるが，今日の状況においてはより切迫した問題として捉えられよう。ところが，わが国の教育施策に取り入れられた生涯教育および生涯学習には，挑戦という積極的な姿勢は抑えられ，社会的条件の変化への対応と表現され，さらには，生きがいのある充実した生活享受のための学習要求に応えるものへと認識が変化していた。1996（平成8）年の生涯学習審議会答申では，現代的課題に対する学習を積極的に拡充する必要性がうったえられているが，その本質は現代の人間存在に対する挑戦的課題にもとづくものなのである。

4　博物館における生涯学習

　今日の博物館は，公民館，図書館とともに，生涯学習に対応する機関として中核に位置づけられている。博物館側の自覚も強い。そこで，多様な教育プログラムを開発・提供して利用者の学習要素を引き出し，主体的な学習のできる機関に向けた努力が払われている。この結果，博物館での学習機会は大幅に広がり，基本的活動の展示の形態はわかりやすく楽しめるものへと変化をとげつつある。けれどもその内容は，従来型の知識や技術の伝達にとどまっていることが少なくない。

（1）既往の対応

　これまでの博物館では，生涯学習機関として機能するためにいかなる活動をおこなってきたのであろうか。歴史・民俗系の博物館を例にとると，多くの場合，地域研究や文化活動のための情報センター的な役割を果たすことを目的とし，その地域における生涯学習の拠点と位置づけてきたようである。活動は地域の人々との接触を多くし，展示だけでなく，主体的に参加して学ぶことができることに配慮した講座，講演会，ワークショップ，学習会，研究会，見学会などが開催されている。
　また，展示の解説やインフォメーション，博物館教育にかかわる事業などで

の施設ボランティアの導入が推進されてきた。ボランティア活動は，はじめに自然史博物館で積極的に取り組まれていたが[12]，最近では歴史・民俗系博物館や美術館でもかなり実践されつつある。ほかにも，生涯学習の基幹をなす学校教育との連携を強めることや，博物館相互や博物館に類する施設との連携協力，また，博物館の積極的利用を促進するため，社会教育関係施設や事業とのネットワーク化を図ることなども進められ[13]，今日では連携した地域教育の一翼をになう博物館も増えている。

　このような博物館の対応は，1971（昭和46）年の社会教育審議会答申以来の諸答申によって示された生涯学習の考え方に立脚し，おこなわれてきた。すなわち，生きがいのある充実した生活の享受という捉え方のもと，さまざまな学習機会と方法を自ら選択し，主体的に学ぶことのできる機関であろうとしている。その結果，以前の博物館とは異なり，教育を目的とした各種の活動によって人々との接触は著しく増大してその学習機会を広げ，基本的な活動である展示の形態は，わかりやすく楽しめるものへと変化をとげつつある。生涯学習機関としての機能を果たすべく，博物館の活動内容は変わってきている。

　しかし，現状の博物館が実施し機能している生涯教育は，多くの場合が知的な情報の発信であり，かつての博物館がおこなっていた知識伝達の機能を，大きく超えるものとなってはいないのが大方の傾向といえよう。人々は博物館が用意した活動に積極的にかかわることによって，博物館が発する情報を自分たちの身近に引き寄せ学習機会を拡大はしたが，博物館が発信する情報は以前と変わらない知識や技術レベルでしかないものが多いように思われる。

（2）新しいシステムの構築

　生涯学習の意義を，社会的条件の変化への対応や充実した生活の享受にあると考えた場合，博物館教育は知識や情報の発信であることに問題はないであろう。しかし，ラングランが提唱した生涯教育は，現代の人間存在に対する挑戦的課題であった。そこでは，人間の存在に向けた現代社会における危機的状況の克服に意義が求められる。この考えに立つならば，現在の生涯教育機関として博物館が果たしている教育の内容について，再考すべき部分が多くあるよう

に思われる。

　図6は生涯学習の社会的背景と博物館との関係を示したものである。生涯学習が要求される背景には，学習の必要性と学習意欲の高まりがある。学習の必要性はラングランが指摘したように，科学的知識・技術の急速な変化，情報化の進展，伝統的生活様式の崩壊などによって生じている。このような必要性が，所得水準の向上，自由時間の増大，高齢化の進行，家庭生活の変化などによって高まった学習意欲と結びつき，方法を自ら選択し主体的に学ぶ生涯学習の土壌が形成されることとなる。その学習は，新たな知識や技術の習得にとどまるものではない。

　生涯学習は，人々が現代社会の危機的な状況を正しく認識し，それを克服し生活していくことが真の目的なのであり，まさに人間存在の問題に直面してい

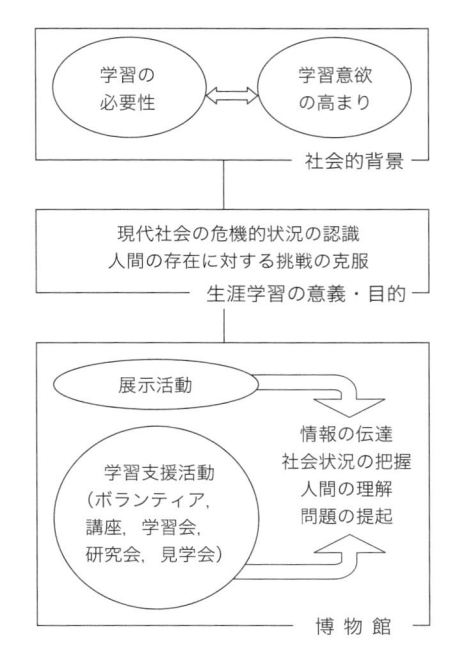

図6　生涯学習の社会的背景と博物館

4　博物館における生涯学習

る。生きていること，さらに生きることを考え学ぶことこそが，生涯学習なのである。

　生涯学習の意義と目的をこのように捉えるならば，博物館では，作品や資料をとおし人々の学ぶ要素を引き出して学習を推進する努力だけでなく，展示や諸活動が人々の生存あるいは生活と結びつくものでなければならない。すなわち博物館教育の内容は，多様化した情報の伝達，社会と社会状況の正確な把握，人間の理解，現代のさまざまな問題点の提起を，具体的な作品や資料などのコレクションと，それをもとにした活動で完成させることが必要になってくる。

(3) 生きることを学ぶ博物館へ

　現在の多くの博物館は，知的な情報を発信する場となっている。発信の方法や受け手のかかわり方については多様な工夫がなされているが，それは知識や技術を要求する者に対して応えるものである。しかし，生涯学習の観点に立つならば，博物館は生存して活動することを考え，学ぶための機関でなくてはならない。つまり，生活を主体的・積極的に切り拓くことのできる人間，言い換えれば生活者を育成し，それに対応しなければならない。

　知識要求者に対するならば，一般的・普遍的な知識や技術を，作品や資料をもとに組織・構成して活動に置き換えることで，博物館は役割を果たすことができた。しかし，生涯学習時代の学習者は，知識要求者ではなく生活者なのである。生活者に対応する博物館では，人々の生活の実態と派生する諸問題を作品や資料で具体的に組織し，それを拠り所に物事を考え，組み立て，行動する，という活動の展開が求められる。

　そこでは，現代社会に対する問題意識をもって企画され，主張の込められた展示がおこなわれ，従来取り扱い資料の中心であった個別性，希少性などの特徴をもつ「実物等資料」と同様に，レプリカ，視聴覚資料，フィルム，記録，文献，各種情報などの「複製等資料」が，教育材料として重要な位置を与えられよう。資料を土台にした活動は，自己の学習を組み立て発展させていくことを考慮した講座，学習会，見学会，ワークショップなどによって補足，強化される。さらに，学習者が助け合い，学び合って，自己啓発学習，相互学習をす

すめるためのボランティア活動を導入し，学習を補完，連携するため，他の博物館やそれ以外の社会教育機関・施設・事業とのネットワーク化を推進していくことも必要になろう。

こうして博物館には，自らの生活に主体的に立ち向かう生活者を育成する教育が望まれている。生活者は，現代社会における人間存在にかかわる問題を，自らの日常的な生活の中で見つけ出し，克服を目指して考え，行動して，生活の術を学んでいく。すなわち，生涯学習に対応するための博物館は，"生きることを学ぶ博物館"と位置づけられるべきであろう。同時に，生涯学習時代は学習の必要性が根底となっていることから，教育機関においては，客体としての授けられる受け身の学習ではなく，主体的に自らの力で学習を展開していく人間の育成が課題とされる。博物館教育においても自己教育力の育成が要求されている。

さらに重要なのは，生涯学習は人間の生存権にかかわる事がらであり，生きていくことを保障する方策なのである。そこではすべての人に学ぶ機会を提供しなければならないわけで，その機会を享受できない人は，生存権が否定されることにほかならない。したがって，博物館が生涯学習の中核機関として自己の役割を果たそうとするならば，利用の障壁となるあらゆる要素を除去し，だれもが支障なく博物館で学習できるためのユニバーサルサービスの実施は不可欠なのである。

註
1) 鶴田総一郎氏の訳文による（「国際博物館会議〈ICOM〉について」『自然科学と博物館』第35巻　国立科学博物館　1968）。
2) 西野嘉章「「美術」から「文化財」へ―フランスの学芸行政改革に関する報告書(1)」『美学美術史研究論集』第11号　名古屋大学文学部　1993
3)〜5)　ICOM日本委員会の訳文による。
6) 『「対話と連携」の博物館―理解への対話・行動への連携―』日本博物館協会　2000,『博物館の望ましい姿―市民とともに創る新時代博物館―』日本博物館協会　2003
7) 矢島國雄「英国博物館史：その3―今世紀前半の博物館改革運動を中心として―」『MUSEUM STUDY』5　明治大学学芸員養成課程　1993

8) American Association of Museums "EXCELLENCE AND EQUITY : Education and the Public Dimension of Museums" A REPORT FROM THE AMERICAN ASSOCIATION OF MUSEUMS, 1992
9) イギリスのハンズ・オン＝プランナーであるティム・コールトン（Tim Caulton）氏は，ハンズ・オンの意義を，「博物館のハンズ・オン系展示装置あるいはインタラクティブな展示装置には明確な教育目標がある。その目標とは，個人もしくはグループで学習する人々が，事物の本質あるいは現象の本質を理解するために，個々の選択にもとづいて自ら探究してみようとする利用行動を助けることにある」と示されている（(染川香澄ほか訳)『ハンズ・オンとこれからの博物館』東海大学出版会　2000）。
10) 岩崎恵子氏によれば，フランスのエコミュージアムは「成人教育（民衆教育）の地域化の推進と軌を一にし」，その本来は，「地域の様々な遺産を調査しその価値を理解し，保存，活用することを通しての地域理解の深化といった地域住民への教育的機能をもつ」とされている（「フランスにおけるエコミュージアムの現状と課題—フランス成人教育研究の視角から—」『九州教育学会研究紀要』第22巻　九州教育学会　1994）。
11) ポール・ラングラン（波多野完治訳）『生涯教育入門　第一部』全日本社会教育連合会　1970，『生涯教育入門　第二部』全日本社会教育連合会　1975
12) 「博物館のボランティア実態調査報告(3)」『博物館研究』Vol.25, No.8　日本博物館協会　1990
13) 福留強「生涯学習と博物館」『ミュージアム・データ』No.10　丹青総合研究所　1989

第3章　博物館の開放

　これまで述べてきたように，博物館は公教育を目的とした機関である。いうまでもなく，その門戸はすべての人に開かれたものでなければならない。展示や各種の活動に，児童から高齢者までが楽しみながら学習できる工夫を凝らした博物館も，今日では普遍的になってきている。その一方で，障害をもつ人を躊躇なく迎え入れ，効果的な活動を実施している博物館はいまだ少ないのが現状である。

　障害をもつ人に対する教育は，近年までおもに社会福祉行政の課題とされていたために教育行政からの積極的な取り組みが少なく，博物館での彼らの学習参加を保障して推進する土壌が育まれにくかった。このような点が，障害をもつ人たちを積極的に迎える体制の定着が進まない一因と思われる。

　本章では，博物館における障害をもつ人の位置づけを明らかにし，社会の動向や障害をもつ人たちのニーズをもとに，博物館の方向性について考えたい。

1　障害をもつ人たちを取り巻く状況の推移

　はじめに，障害をもつ人たちをめぐる社会認識や，施策状況の推移をたどってみよう。

(1) 庇護から自立へ

　障害をもつ人たちに対するわが国の対応は，1874（明治7）年に貧民対策として制定された恤救規則において，救助米の代金が恩恵的に支給されたのが当該問題に対する近代施策のはじまりである。以後，明治から昭和の戦前にかけての認識や施策は，あわれみと庇護の概念による，ほどこしと隔離保護に特徴づけられるものであった。

　戦後は，民主主義を基盤とした日本国憲法下の基本的人権の尊重と無差別平

等の原則にもとづき，障害をもつ人たちの生活保障にかかわる法律の整備が進められてきた(**表2**)。1947（昭和22）年制定の児童福祉法は，障害をもつ児童に対する福祉的施策遂行の契機となり，1949（昭和24）年の身体障害者福祉法では，身体に障害をもつ人たちを保護して社会的自立を援助するための指導や訓練をおこない，生活の安定をめざすことが定められた。また，翌年には，精神障害の発生予防と精神障害をもつ人の医療と保護に努めることを目的とした精神衛生法が制定されている。この間の1948（昭和23）年には，盲・聾学校の義務制が実現するに至った。

10年後の1960（昭和35）年になると，障害をもつ人の社会的・経済的自立を支えるための身体障害者雇用促進法が制定された。しかし，これは事業主に対して強制力をもたないものであり，また精神遅滞の人たちを対象の外におくなど，不十分な点が多いものであった。

(2) ノーマライゼーションの思潮

1960年代後半になると，障害をもつ人たちを施設に収容し，社会から隔離して保護するというそれまでの考え方に対して，異なった理念が国際的な潮流となってきた。デンマークに端を発したノーマライゼーション（normalization）の思想で，障害をもつ人の生育環境を普通の子どもが育つ環境に，地理的，物理的，社会的に近づけ，生活環境を普通の暮らしがおくれるように地理的，物理的，社会的に近づけるべきとする。つまり，障害をもった人たちとそうでない人たちがともに暮らす地域社会をめざすものである。

また，障害をもつ人の福祉や教育，医療，住宅などの保障を，その人にふさわしい形で統括的に具体化し，地域において各保障をワンセットとして統合させるとするインテグレーション（integration）の原則が主張されるようになった。

さらに，ノーマライゼーションとインテグレーションを具体化する手段として，コミュニティ・ケア（community care）の発想が生まれてきた。これは特定の包括的な生活圏内に居住する障害をもつ人の福祉を向上するために，地域住民の主体的な参加のもとに問題を発見し，対策をたて，問題解決を図る地域ぐるみの活動である。

表2 障害をもつ人たちに対する戦後施策のあゆみ

	わが国の法律	国連の宣言など
1947（昭和22）	児童福祉法	
1948（昭和23）		世界人権宣言
1949（昭和24）	身体障害者福祉法	
1950（昭和25）	精神衛生法	身体障害者の社会リハビリテーション決議
1959（昭和34）		児童の権利宣言
1960（昭和35）	精神薄弱者福祉法	
	身体障害者雇用促進法	
1970（昭和45）	心身障害者対策基本法	
1971（昭和46）		知的障害者の権利宣言
1975（昭和50）		障害者の権利宣言
1980（昭和55）		国際障害者年行動計画
1981（昭和56）		国際障害者年
1982（昭和57）		障害者に関する世界行動計画
1983（昭和58）		障害者の10年（～92年）
1987（昭和62）	精神保健法	
	障害者の雇用の促進に関する法律	
1993（平成5）	障害者基本法	障害者の機会均等に関する基準規則
		アジア太平洋障害者の10年（～02年）
2000（平成12）		アフリカ障害者の10年（～09年）
2001（平成13）		障害者の権利及び尊厳を保護・促進するための包括的・総合的な国際条約
2003（平成15）		アジア太平洋障害者の10年の延長（～12年）
2004（平成16）	障害者基本法の改正	アラブ障害者の10年（～13年）
	発達障害者支援法	
2006（平成18）	障害者自立支援法	障害者の権利条約

　このような思潮のもと，障害をもつ人たちの社会生活への参加が重視され，当該問題への方策は従来の隔離・保護から，地域社会での生活を援助するための法律や制度，設備などの整備を進める方向へと変わりはじめた。それにより，障害をもつ人たちが人間らしく生きる権利の保障において，進展をみることになったのである。

(3) 心身障害者対策基本法から障害者基本法へ

　障害をもつ人への対応の考え方が変化するなかで，わが国では身体障害および精神遅滞の人たちの対策を総合的に推進する必要性から，心身障害者対策基本法が1970（昭和45）年に制定された。この法律は"障害者"対策の基本理念

と方針，基本的な施策，"心身障害者"の定義などが明確にされており，近年までの障害者福祉行政の根幹となるものであったが，「障害者」の概念がきわめて隘狭的であるなどの問題点が指摘されていた[1]。

一方，世界的な動向では，国際連合が人権問題に関する活動の一環として，1970年代以降，障害をもつ人たちの権利保護の宣言や運動などを推し進めるようになった。1971（昭和46）年の「精神薄弱者の権利の宣言」にはじまり，1975（昭和50）年に「障害者の権利宣言」を決議し，1980（昭和55）年には「国際障害者年行動計画」が採択され，「国際障害者年」，「障害者の10年」，「アジア太平洋障害者の10年」などへと活動を継続・発展させ，2006（平成18）年には「障害者権利宣言」の採択に至っている。その一連の動きは各国の当該問題の施策を先導し，わが国でも"障害"や"障害者"についての認識を変え，関係する各種法制度の整備・改正が，ノーマライゼーションの理念やコミュニティ・ケアの発想のもとに進められることとなったのである。

その1つとして，精神衛生法をもとにした精神保健法が1987（昭和62）年に成立し，精神障害をもつ人の社会復帰と人権擁護に焦点をあて，彼らの処遇を病院から社会復帰施設へと導いた。また，同年には身体障害者雇用促進法が改正されて「障害者の雇用の促進等に関する法律」となった。主要な改善点は，対象とする"障害者"が拡大され，精神遅滞の人に対する雇用対策の充実強化，職業リハビリテーションの推進などである。さらに1992（平成4）年の一部改正では，重度精神遅滞の人を雇用率にダブルカウントして，彼らの社会生活への参加に向けた雇用の促進を図ることとなった。

その後，障害をもつ人たちの自立と社会参加をいっそう推進するため，1993（平成5）年に心身障害者対策基本法から障害者基本法への改正がおこなわれた。この改正では，対象が身体障害と精神遅滞に加えて精神障害も含められ，障害をもつ人の自立と社会・経済・文化活動への参加の促進が法律の目的に位置づけられている。基本理念には，障害をもつ人たちは社会を構成する一員として，あらゆる分野の活動に参加する機会を与えられる旨が加えられ，完全参加と平等の理念がうたわれた。

（4）バリアフリー，そしてユニバーサルサービスへ

　ノーマライゼーションやコミュニティ・ケアの思潮を背景に各種の施策が進められるなか，1970年代に建築設計の分野で生まれたバリアフリー（barrier free）の発想が，1990年代になると社会生活の各分野に取り入れられるようになった。これは施設などの利用に際し，障害をもつ人たちが他の人々と同様に支障なく利用できるように設計するものである。バリアフリーの考え方は，わが国における急速な人口高齢化を背景として，さまざまな症状の障害をもつようになる高齢者が"総合障害者"と捉えられることから，やがてはだれもが直面する課題として位置づけられ，社会的な関心が高くなってきた。

　21世紀を迎えると，新たにリハビリテーション（rehabilitation）の理念が加わってきた。リハビリテーションはアメリカで生まれ，本来は障害をもつ人が生活手段を得るためのはたらきかけの総体をさすものであった。ところが，2001（平成13）年に世界保健機関が「国際障害分類」を「国際生活機能分類」に改定し，障害への捉え方がマイナス面を分類するのではなく，生活機能というプラス面からみようとする視点に転換された。そのなかで，リハビリテーションは生活機能を改善して障害をもつ人の自立能力を向上させる総合的なプログラムであるとともに，彼らの生活全体における全人間的復権に寄与し，その自立と参加をめざす理念として広まってきている。

　また，障害をもつ人たちを特別な存在と捉えて対応するバリアフリーの考え方を発展させ，すべての人々が利用できるという視点に立って施設や生活環境を整備することにより，障害をもつ人にも不自由のない空間の創出となるユニバーサル・デザイン（universal design）の考え方が提唱されている。これも元来は建築設計から始まった発想で，1980年代にアメリカのロナルド・メイスが提唱し，わが国では1990年代末から浸透しつつある。現在では，それぞれがもつ障害そのものよりも，周辺環境が障害をつくり出すという社会構造を問題視した概念に拡大され，その理念を社会生活の各分野やシステムにおいて受け入れ，あらゆる人の立場になって，公平な情報と奉仕の提供を具体化して実施するユニバーサルサービスが進められつつある。

一方，施策の面では，障害をもつ人の自立と社会参加の強化を図って2004 (平成16) 年に障害者基本法が改正され，同年には発達障害をもつ人たちの生活全般にわたる支援をめざした発達障害者支援法が成立している。さらに，2006 (平成18) 年には障害者自立支援法の制定に至り，この法律では身体・知的・精神の3障害の制度体系を一元化して，生活・就労支援の強化などによる自立と共生がうたわれているが，一方で安定財源の確保のため利用者の費用負担を求める点などに疑問が提示されている。

2　障害をもつ人と公教育

　上述のように，今日では障害をもつ人たちの人権を保障し，自立して社会のあらゆる分野の活動への参加を推進する動向にある。その根底にはノーマライゼーションやリハビリテーションの理念がはたらいており，障害をもつ人とそうでない人が，ともに生活できる地域社会の創造がめざされている。
　障害をもつ人たちの社会参加のためには，施策の整備とともに，地域社会のあらゆる機関や施設は自ら積極的な対応や改善を進めねばならないのだが，具体的にどのような内容が求められているのかを，障害者基本法をもとに確認しておきたい。

(1) 学習機会の保障

　障害をもつ人に対する福祉行政の根幹となる障害者基本法では，自立と社会・経済・文化活動への参加の促進を目的に位置づけ，彼らの基本的権利と，あらゆる分野の活動に参加する機会の保障がうたわれている。この第25条には，
　　「国及び地方公共団体は，障害者の文化的意欲を満たし，若しくは障害
　　者に文化的意欲を起こさせ，又は障害者が自主的かつ積極的にレクリエー
　　ションの活動をし，若しくはスポーツを行うことができるようにするため，
　　施設，設備その他の諸条件の整備，文化，スポーツ等に関する活動の助成
　　その他必要な施策を講じなければならない」
とあり，障害をもつ人たちの公共施設の利用に便宜を図り，それに際しての経済的負担を軽減するとともに，教育・文化的諸条件の整備を促している。

障害者基本法で示されているように，障害をもつ人の基本的権利が保障されねばならないことは，今日ではだれも否定しないであろう。地域社会の教育・学習施設を日常的に利用できることも，彼らの基本的権利として保障されるべき一部である。その意味でも，社会教育や生涯学習の施設・機関として位置づけられている博物館は，もちろん彼らにも門戸が開放されていなければならない。生涯教育の提唱者であるポール・ラングランは，前章で示したように，人間の存在に対する挑戦の克服として教育の問題を受けとめ，生涯にわたる学習の必要性を主張した。したがって博物館が，施設・設備や各種活動のあり方で障害をもつ人たちの学習参加を阻むことがあれば，それは彼らの生きる権利を奪うことにほかならない。

　また，障害をもつ人への教育では，人格発達と結合した能力発達の達成を援助するための留意点の１つに，社会教育や社会活動を重視し，家庭にも彼らの教育について適切な指導と援助をおこない，家族の経済的・身体的・精神的負担を軽減すべきことが以前より指摘されている。さらに，社会教育機関や職業指導機関が，各種の救護施設や更生施設，授産施設，点字図書館，盲人ホームなどの社会福祉施設と提携することも求められてきた[2]。博物館は，障害をもつ人たちの社会教育（生涯教育）を遂行する場としても役割を担っており，その便を図ることは活動のなかで明確に位置づけられるべきである。また，障害をもつ人たちの社会的自立の支援という面からも，博物館は彼らを受け入れるための諸条件の整備を急がなくてはならない。

　また，今日推進されている生涯学習施策では，変化の激しい現代社会を生きぬくために，それぞれの自発的意思にもとづき生涯にわたって学習する機会を，その遂行機関において提供することを求めている。しかし，学習に取り組む大きな契機はそれに参加する意欲をもつところから始まる。多くの学習機会が提供されていても，利用に不便であり，魅力のないものであったなら，学習意欲をおこさせるものにはならない。

　すなわち社会教育の機関や施設では，だれもが躊躇なく気軽に足を踏み入れ，スムーズに学習へ参加できる体制や雰囲気をつくり出し，そのうえで生涯学習

に対応する人々の意識の啓発が図られねばならない。いうまでもなく、障害をもつ人も生涯学習体系のなかでの学習者であり、彼らの学習を啓発するさまざまな場が必要である。国際的にも、1975年の第30回国連総会で決議された障害者の権利宣言において、

  「障害者は、経済的及び社会的計画のすべての段階において、その特別の要請への配慮を受ける権利を有する」(第8項)、

  「障害者は、その家族又は養父母とともに生活し、及びすべての社会的、創造的活動又はレクリエーション活動に参加する権利を有する。……」(第9項)

として、障害をもつ人たちの社会参加の権利がアピールされた。また、1980年の第34回国連総会で採択された「国際障害者年行動計画」では、

  「社会は、一般的な物理的環境、社会保険事業、教育、労働の機会、それからまたスポーツを含む文化的・社会的生活全体が障害者が利用しやすいように整える義務を負っている」(第63項)

と、障害をもつ人たちに対応する社会的条件整備の義務がうたわれている。さらに、2006(平成18)年の第61回国連総会で採択された「障害者の権利条約」では、あらゆる段階におけるすべての人に開放された教育の権利を実現するための方策の確保が求められ(第24条)、教育を包括した文化的生活条件の整備は人類が全体で取り組むべき方向性にある。

(2) 生涯教育機関における対応

このような状況のなか、主要な学習の場である生涯教育機関(ここではかつての社会教育機関も含めて用いる)では、障害をもつ人たちに対して各種の対応がみられる。例えば、1970年以降に公民館を中心に実施されている「障害者青年学級」は、おもに発達障害をもつ青年層を対象とし、仲間づくりや自立のための学習をおこなう活動である。学級は定期的に開催され、運営には生涯学習行政の担当部署や公民館の職員のほかに、有償や無償のボランティアのかかわる場合が多い。この活動は公的社会事業として東京、大阪、名古屋などの大都市部から始まり、現在では全国にひろまっている。また、この拡大と関連して、

公民館や文化会館などの公共施設において，障害をもつ人たちが働く喫茶コーナーなどの運営が各地で取り組まれている。社会実践をとおして学習をひろげる活動である。

　図書館についてみると，点字図書を備え，視覚障害に考慮した閲覧室を設ける例が増えている。こうした対応の歴史は古く，公立の一般図書館で最初に実施されたのは東京市日比谷図書館本郷分館で，1910年代にまで遡る[3]。近年では点字図書とともに，視覚障害に対応した録音図書も製作されている。点字の専門図書館は2005（平成17）年で全国に72館を数え，自館で点字や録音図書を製作し，図書館間貸出に対応している公共図書館を含めると230館を超える。1993（平成5）年の調査では81館であったことからすると[4]，その普及率は大きいといえるが，全公共図書館に占める割合はいまだ8％程度でしかない。ほかには，児童・生徒を対象とした朗読会などを開催している図書館が多くあり，視覚障害の子どもたちが文芸に親しむきっかけとなっている。

　このような生涯教育機関では，障害をもつ人たちの利用を促す施設面での条件整備が，1981（昭和56）年の国際障害者年を契機に進捗しつつある。一方で実施活動の内容をみると，障害をもつ人たちの学習意欲を引き出し，その欲求を十分に満たすものとはなっていないように思われる。

　少し古い統計であるが，日本社会事業大学障害者社会教育研究室実施の，社会教育行政における障害者の学習・文化・スポーツ活動の実態調査[5]によれば，1986（昭和61）年度以前に障害をもつ人を対象に事業を実施した教育行政機関の割合は，29.0％（674市区の社会教育課を対象）でしかなかった。現在では「障害者芸術・文化祭」や「障害者スポーツ大会」などの事業が核となり，以前の数値を上回るように思われるが，さほど活発になったとは感じられない。上記の調査で事業を開催しない理由を**図7**にあらわしてみると，「職員体制が不十分」「施設・設備の不足」「地域住民の要求がない」が目立つ。施設・設備は現在ではかなり整備されているが，行政のスリム化のもと職員体制を十分に満たす機関は今も少なく，むしろ減少傾向にある。

　しかし，障害をもつ人を対象とした事業が現在でも低調なのは，彼らに対す

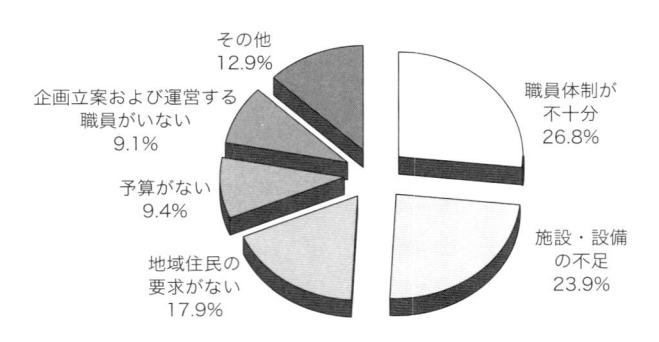

図7 社会教育行政機関が障害者対象事業を開催しない理由
(註5文献をもとに作成)

る生涯教育の意義について，認識に欠ける部分のあることが大きな原因と思われる。9.1％の「企画立案および運営する職員がいない」との回答はその一端のあらわれと考えられるし，認識が不十分であるから職員体制や施設・設備の整備が進まないのであろう。障害をもつ人を深く理解し，彼らの人権保障を真剣に考え，社会参加の推進に取り組む態度こそが必要なのである。

3　発達障害をもつ人たちへの視点

　発達障害は，近年まで精神薄弱や精神遅滞といわれていたものである。広義の概念では知的発達障害，脳性麻痺などの生得的な運動発達障害，自閉症，アスペルガー症候群を含む広汎性発達障害，多動性障害およびその関連障害，学習障害，発達性協調運動障害，発達性言語障害，てんかんなどを主体とし，視覚・聴覚障害や種々の健康障害の発達期に生じる問題の一部も含むとされる。現在では，精神薄弱は言葉の意味が不適切で，精神遅滞は別の障害と複合して生ずる場合が多いという実態から，発達障害の言葉が使われている。

　発達障害をもつ人は，生活の各種の場面で不利益をこうむることが多いが，博物館では残念ながら実際的な対応があまり検討されていない。

(1) 施策の推移

　発達障害をもつ人たちへの施策をみると，教育の分野では1890（明治23）年

に長野県松本尋常小学校で学業不振児学級が設置され，発達障害の児童への学校教育が始まっている。しかし，これが全国に波及する動きは鈍く，100 学級に至るまで約 40 年も要している。しかも多くは児童への教育理念に乏しく，隔離主義的な性格が強いものであった。戦後になって，発達障害の児童の教育参加をめざし，1956（昭和 31）年に大阪府と愛知県ではじめて設立された養護学校が 1979（昭和 54）年に義務制となり，制度としてその教育完全参加が一応の達成をみている。しかし，養護学校義務化に対しては，障害のある児童・生徒を地域の学校から排除することにつながるとして，反対を訴える活動が各地でおこなわれた。分離教育であるとの批判は現在でも継続してみられる。

　一方，発達障害をもつ人たちを保護し，社会的自立を援助するための指導などをおこなう精神薄弱者福祉法は，1960（昭和 35）年に成立に至っている。1987（昭和 62）年になると障害者の雇用の促進等に関する法律が施行され，発達障害をもつ人の自立と社会生活への参加をめざし，雇用対策の充実強化や職業リハビリテーションの推進などが図られることとなった。現実的には，発達障害をもつ人たちの労働の場は現在でもきわめて少ないが，彼らが互いに協力する職場であり生活の場でもある共同作業所の存在意義は大きい。1969（昭和 44）年に設置が始まると各地で爆発的に増加し，現在では障害の種別と程度を超えたすべての障害をもつ人が働き自立する活動体として，地域社会における彼らの主要な生活拠点となっている。

　発達障害をもつ人たちの自立を進める雇用問題がわずかながらも進展する一方で，彼らの居住の場も脱施設化の方向へと進んでいる。発達障害をもつ人たちが通常のアパートやマンションなどで共同生活を営むグループホームは欧米で発達した制度で，わが国では 1980 年代から試みられるようになり，1989（平成元）年には制度化されて国費の補助対象となった。

　その後，2004（平成 16）年に発達障害者支援法が成立し，発達障害をもつ人たちの生活全般にわたる支援が推進されるすう勢にあり，このうち雇用と居住問題に関しては少しずつ進展がみられる。しかし，地域生活の営みは職場と住居だけで成り立つものではない。今後は経済や文化活動の分野での具体的な対

応が課題といえる。

(2) 社会参加へのニーズ

　障害をもつ人たちが社会から隔離保護されていた時期は，彼らや周囲の人たちが社会への要求を発言することはほとんどなかった。それは，彼らが自らのおかれた状況を甘受していたからではない。彼らに対する偏見や差別が強くあり，その主張を聞き，受け入れる土壌が育まれていなかったためである。今日では障害をもつ人たちの社会参加の権利保障は進捗しているが，彼ら自身や周囲の人たちは，いったいどのような活動を望んでいるのだろうか。

　厚生労働省による発達障害(知的障害)をもつ人たちのグループホーム事業の実施状況をみると，1994年度に全国で640か所であったのが，2000年度には2065か所に激増し，その後2004年度では4790か所を数えるまでになっている[6]。約10年間で7倍以上も増えており，補助を受けていないグループホームもあるため，その実態はさらに多い数となる。すなわち，発達障害をもつ人たちの一般社会での生活が，地域的な片寄りはあるようだが，急速に進んでいるのである。加えて近年では，発達障害をもつ人の就労相談が障害者職業センターで大幅に増えているという[7]。地域社会に参加することへの強いニーズがあらわれている。

　また，発達障害をもつ人たちの生きがいに関するアンケート調査によると，趣味に心のよりどころをおいている人が全体で7割近くを占めており，趣味の内容は音楽・手工芸・美術の割合が高く，読書や勉強も少なからずみとめられる[8]。つまり彼らの多くは，芸術的分野や学習といった文化的な活動に対するニーズを抱いているのである。さらに，発達障害をもつ児童の保護者のニーズをみると，学校週5日制における余暇のための条件整備として，彼らを対象とした社会教育活動を充実させてほしいとする意見が多い[9]。いずれも，美術館や博物館が役割を担える部分である。

　発達障害をもつ人たちの学習は，かつては実際の生活経験にもとづいた指導訓練によって，社会生活に必要な実務的な知識や技能の習得に重点がおかれていた。しかし，今日彼らが強く求めている学習は，地域社会での生活において，

すべての市民と同様に各種の情報を入手・選択・判断し，そして自分自身を理解するためのもので，いわば生活者としての学習である。この学習は一生をとおして学ぶ機会が保障されねばならない。現代の博物館は知識や情報の伝達だけでなく，地域社会で生活するための知的探求心の育成をめざした活動をおこなうべき方向にあり，そこでは発達障害をもつ人たちのニーズをしっかりと満たすことができるはずである。

4　開かれた博物館へ

博物館と障害をもつ人との関係が議論されるようになったのは1970年代末で，1981年の国際障害者年を契機に，先駆的な博物館で内容や方法の検討や実践が進められた。

(1) 障害をもつ人の迎え入れ

両者の関係について，当初は障害をもつすべての人を対象に博物館活動を考えようとする意見があった。岩崎友吉氏は，五感の正常な人を対象に企画するのではなく，各種の障害に対し個別に配慮して，すべての企画に取り組む必要性を指摘された[10]。また，池田秀夫氏は，「博物館等の見学が果たしてどのような意義を持つか疑問にさえ思われる」場合でも，「それなりに喜びを感じて館を去ることのできる"心"と"人間関係"を醸成するよう努力したい」と，障害をもつあらゆる人たちを見据えた博物館の立場を述べられている[11]。

しかし，実際の検討対象となった障害は肢体不自由と視覚障害であった。肢体不自由に対しては，館内の施設整備を中心としたものである。視覚障害については，一般的に視覚教育の場とする博物館で絶対的に不利益な障害と考えられ，対応が進められてきた。内容は，触覚的弁別による展示方法の開発や，視覚障害むけの録音テープ，点字のキャプション・解説・パンフレットの作成などである。触覚的弁別による展示の有効性や問題点，設置館の経過は，柘植千夏氏の研究に詳しい[12]。

触察展示の実践は自然史系博物館や美術館で進んでいる。自然史系博物館の場合，触察者に安全で劣化しにくい実物資料の多いことが，実施を比較的容易

にしている。美術館では，1970年代に欧米ではじまった"Touch Exhibition"の影響をうけ，手でみる美術展に意欲的に取り組む例が増加してきた。そのなかで先導的なギャラリー・TOM（東京都渋谷区）では，さわって観察し，感じることのできる造形作品の展示を中心に，盲学校生徒の美術作品展や，目には見えない鑑賞者の内側に潜む感性に問いかけることをねらいとし，自然と環境を感じとって表現するワークショップが実施されている[13]。

　一方，発達障害をもつ人への対応は，美術館で彼らの作品を展示することから始まった。1976（昭和51）年に開館したねむの木子ども美術館（静岡県浜岡町）では，肢体不自由児療護施設ねむの木学園での教育を公開する場として，学園の子どもたちが制作した絵画や織物・木工作品などが展示されている。障害をもつ人たちの作品をとおして，彼らの能力や生き方を理解してもらうことに主眼を置くもので，従来美術館から疎外されていた人たちと美術館の結びつきを求めようとする点で意義深い。また，企画展での取り組みについては，精神障害により美術史から除外された作家と作品を再評価する『パラレル・ヴィジョン』展が，1993（平成5）年に世田谷美術館（東京都世田谷区）で開催されている。さらに，発達障害をもつ児童・生徒の絵画や造形作品で構成された『ABLE ART』展が，1995（平成7）年以来定期的に開催されており，同様の企画は各地の美術館でも試みられつつある。

　このほかに，館内の飲食施設やミュージアム・ショップなどを，発達障害をもつ人の働く場に提供している例がみられる。1987（昭和62）年に開館した町田市立国際版画美術館（東京都）では，喫茶コーナーで知的障害や肢体不自由の人が働いている。同様の例はわずかであるが増えており，発達障害をもつ人にとって地域の人との出会いの機会となり，彼らの自立を支える場ともなっているのである。そして，博物館の側にとって彼らとの出会いは，自らの生き方を含め多くのことを学び考え直す機会になる，との学芸員の声が聞かれる。

　しかし，上記のような発達障害をもつ人々とのつながりを求める博物館の対応は，彼らと博物館活動を密接に結びつけることにはならない。博物館の直接的な役割を彼らに果たすための具体的な対応が必要である。

(2) 博物館での出会い

　障害をもつ人にとって博物館はこれまでほとんど縁のないところであった。これは，博物館の側が彼らに対する理解を欠き，積極的な迎え入れの対応を施さなかったことが最大の原因といえる。とりわけ発達障害をもつ多くの人は，博物館が具体的に何を提供し，どのようなサービスを実施してくれるのか知らないでいる。地域社会での彼らの生活は急速に進んでおり，博物館活動への参加も望まれているのである。

　現在，障害をもつ人に対する福祉のテーマは，ノーマライゼーションの理念にもとづき，居住環境や就労機会，教育・余暇などの文化活動を，他の市民と同じレベルで享受できるように，あらゆる面での条件を整備することである。博物館でも障害をもつ人への偏見と疎外をなくし，共感と受容を築くことから始めねばならず，偏見をなくすには障害をもつ人や障害について知る必要がある。博物館は資料をとおしての"モノ"と"ヒト"との結びつきだけでなく，そこで"ヒト"と"ヒト"が出会い，互いに高め，影響しあいながら，新しい文化の創造と発展に寄与するための仲間づくりの"場"とも位置づけられている[14]。この仲間づくりの"場"において，障害をもつ人とそうでない人との出会いは大きな意味をもつ。

　両者の交流がいかに有意義であるかは，障害をもつ彼らを理解する人の多くが指摘するところである。その一人の上田敏氏は，次のように相互の人間的成長を強調されている。

　　「偏見の克服にとって，障害を受容し，誇りと人間的な威厳をもって堂々と生きている障害者の姿に触れることはひじょうに重要な契機となる。このように両者は現実的にあい強め合うものであり，いわば障害者は障害の受容にいたる苦闘のなかで，また健常者はそのような障害者を理解し，援助しようとする努力のなかで，相互に人間的に成長し，互いに貴重なものを学び合い生きる力を与え合っていくのである」[15]。

　博物館が幅広い学習に寄与しようとするならば，障害をもつ人の迎え入れに積極的な努力をしなければならないし，受容することの意義は大きい。

(3) 受容システムの構築

障害をもつ人たちの迎え入れを具体化するためには，それに適った新しいシステムづくりが必要である。**図8**では受容のシステムを作るための連携について示した。その構築にあたっては，博物館全体で取り組むのはもちろんのこと，障害をもつ人も含めた市民や関連機関からの参加を得ることが望ましい。障害をもつ人への対応の問題は社会全体にかかわる事がらであり，地域社会という大きな枠組みのなかで考えねばならない。

博物館活動における彼らへの対応は，他の市民と同様の環境や条件であることが基本的に望ましい。しかし，障害をもつ人たちは同時に特別なケアを必要としている。とりわけ発達障害は症状が多様で，症状に応じたケアが施されねばならない。ところが現状では，障害の特性がまったく異なる肢体不自由のためにつくられた設備や対処方法などが，ほとんど考慮されることなく準用されている場合が少なくない。また，発達障害をもつ人は複合障害のある場合が多く，個別のケアとともに障害全体を包括的に捉えた対策が立てられるべきで，一般性と特殊性の融合が一つの課題である。この点については，博物館活動の

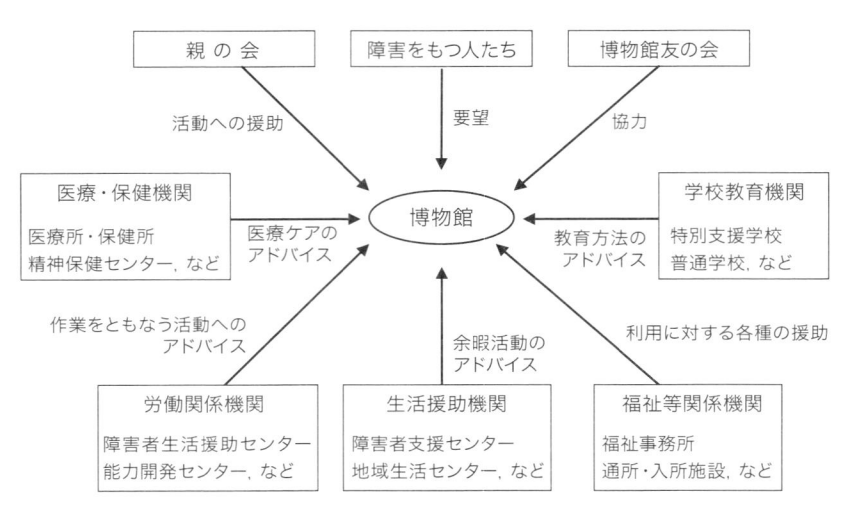

図8 障害をもつ人たちに対応するシステムづくりの連携

なかで彼らのための特別の場や企画を設定するよりも，できる限り通常の活動のなかで柔軟に受け容れることのほうが，多くの異なった症状の障害をもつ人たちの受容が可能になると思われる。

　障害をもつ人への対応システムにおいて，友の会活動とボランティア活動は障害をもつ人に固く門を閉ざしていたきらいがある。その理由は多くの場合，偏見によるところが大きい。障害をもつ人との人間関係を育むために，友の会活動が果たす役割は大きいはずである。また，「年齢や所属をこえた社会的活動として，参加者相互のふれあいの中で，自らの知的，精神的な世界をひろげ，相互に学習することのできる」[16]とされる博物館でのボランティア活動は，だれにも自発的に参加する権利があることはいうまでもない。ところが，とりわけ発達障害をもつ人は，「学芸業務の補助としては専門的知識が乏しい」「来館者の接待には不向き」「肢体不自由もあり危険が多い」などの理由で除外されている[17]。しかし，いまや彼らの多くが，ケースワーカーや仲間のフォローを得て企業や各地の作業所で立派に働いている事実は，これらの理由が全く当たらないことの証左といえよう。障害をもつ人たちのボランティア活動への参加を拒むのは，博物館の側がボランティアのスキルアップを阻害していることにほかならない。

　一方で，障害をもつ人を取り巻く問題について，学芸員をはじめとする館職員が理解を深めることも大切な課題である。博物館を運営する人たちの理解が乏しければ，障害をもつ人に対応するシステムの作成は困難であるし，仮にシステムができあがっても，そのもとで彼らの満足を得ることは不可能であろう。

　障害をもつ人たちへの対応の社会的なすう勢は，ハード面を基本とした箱型福祉から，ソフト面を重視したニーズ型福祉への転換が図られつつある。ニーズ型福祉で求められるのは地域における豊かな生活であり，その豊かさは数多くの選択肢を保障され，自己決定が尊重されることを基本としている。これは障害をもたない人が普通に享受している生活なのである。博物館から疎外された彼らは，豊かな生活，言いかえれば普通の生活の享受を阻まれている。彼らが豊かな生活を享受するためには，人的，物理的な援助が前提となる。学芸員

をはじめとする館職員が，障害をもつ人たちに視点を据えたシステムを整えて活動を推進することにより，博物館は市民に対して真に開放されるはずである。

註
1) 　細山俊男「第1章5 地域での生活と社会教育　社会教育の現状と課題」『障害者の人権20の課題』全国障害者問題研究会出版部　1992
2) 　田中昌人・青木嗣夫「序章 障害者教育の課題」『日本の教育』8　1976
3) 　文部省『盲聾教育八十年史』日本図書センター　1981
4) 　国立国会図書館『点字図書・録音図書全国総合目録』1993（I）No. 25　1994
5) 　日本社会事業大学障害者社会教育研究室『社会教育行政における障害者の学習・文化・スポーツ活動の実態』1986
6) 　日本発達障害福祉連盟「第3部-2 II　福祉・労働統計」『発達障害白書―2007年版―』日本文化科学社　2006
7) 　西村晋二「第1章「地域就労援助」の原点」『地域で働くことを支える』ぶどう社　1993
8) 　小沼肇「第7部-6 2 芸術」『発達障害白書―1995年版―』日本精神薄弱者福祉連盟編　日本文化科学社　1994。なお，同様の傾向は精神障害をもつ人たちにもいえる（大島巌「II-8 精神障害者の生きがいとその実現を妨げるもの―自由記入欄の分析から」『日本の精神障害者―その生活と家族―』ミネルヴァ書房　1988）。
9) 　松矢勝宏「第4部 6 社会教育」『発達障害白書―1995年版―』日本精神薄弱者福祉連盟編　日本文化科学社　1994
10) 　岩崎友吉「博物館の機能上の一つの課題」『博物館学雑誌』第3・4巻合併号　1979
11) 　池田秀夫「国際障害者年にあたって」『博物館研究』Vol.16, No.7　1981
12) 　柘植千夏「博物館と視覚障害者」『博物館学雑誌』第20巻第1・2合併号　1995
13) 　山本ゆきみ「ギャラリー・TOMのワークショップ」『美術館教育研究』Vol.5, No.2　1994
14) 　田辺悟『現代博物館論』暁印書館　1985
15) 　上田敏『リハビリテーションを考える―障害者の全人間的復権』青木書店　1983
16) 　関秀夫『日本博物館学入門』雄山閣　1993
17) 　ボランティアが活動している8館の博物館園（国・公・私立）の担当者に対し，発達障害をもつ人を登録しない理由を聞きとり調査した。

第4章　バリアフリーな博物館へ

　現代の博物館は，生涯学習の推進ともあいまって，多くの市民に開放された施設へと姿を変えてきた。こうした変化のなかで，博物館では身体のハンディキャップに対する施設面での整備がおこなわれるようになり，障害をもつ人たちがようやく博物館利用者の一員に位置づけられつつある。博物館は障害をもつすべての人々に対して門戸を開かなければならないことや，彼らのニーズに対する博物館の果たすべき役割についてはすでに述べてきた。しかし現状をみると，博物館での施設面の対応は部分的な整備にとどまっている場合が多く，いまだ十分とは思われない。

　障害をもつ人たちが他の人々と同様に支障なく利用できるよう施設設計された博物館，すなわちバリアフリーな博物館であるためには，障害をもつ人たちを包括的に捉え，施設全体を総合的な視野から考えなければならない。また一方では，障害にはさまざまな内容があり，なおかつ程度や重複状態によって各人が異なる障害特性をもっている。このため個別的な障害特性に対する措置を充足させた幅広い対応も必要なのである。本章ではこのような点を検討の俎上にあげたい。

1　障害をもつ人たちに対する施設整備策の動向

　ここではまず，障害をもつ人たちに対する社会全般の施設整備対策の動向を概観することからはじめよう。

(1) 生活保障に向けた基盤整備のスタート

　前章でみたように，障害をもつ人たちの生活保障にかかわるわが国の法整備は，日本国憲法下における基本的人権の尊重と無差別平等の原則にもとづいて進み出した。1960年代後半には，障害をもつ人たちとそうでない人たちの共

生社会をめざすノーマライゼーションの理念が国際的潮流となり，わが国でも障害をもつ人たちの社会生活への参加が重視され，当該問題の施策は従来の隔離・保護から，地域社会での生活を援助するための法律や制度，施設・設備の整備が進められる方向へと転換した。

施設面での整備が具体的に促進されたのは，1973（昭和48）年の厚生省による「身体障害者福祉モデル都市」の指定制定からである(**表3**)。これは京都や仙台など6都市に始まり，道路・交通安全施設のための整備や公共施設の構造・設備の改善，公共施設や公園などへの車いすの配備，身体障害に対応した公衆便所の建設などを推進することが義務とされた。福祉モデル都市は6年後には

表3　障害をもつ人たちをとりまく施設整備施策の動向

年　代	事　項
1973（昭和48）	身体障害者福祉モデル都市制度（～75）
1979（昭和54）	障害者福祉都市推進事業
1982（昭和57）	障害者対策に関する長期計画（83～92）
1986（昭和61）	長寿社会対策大綱
1988（昭和63）	長寿・福祉社会を実現するための施策の基本的考え方と目標について —福祉ビジョン—
1989（平成1）	高齢者保健福祉推進十か年戦略 —ゴールドプラン—（90～）
1990（平成2）	老人福祉等の一部を改正する法律 —福祉8法の改正—
1992（平成4）	障害者対策に関する新長期計画（93～02）
1993（平成5）	障害者基本法
1994（平成6）	高齢者，身体障害者等が円滑に利用できる特定建築物の建築の促進に関する法律 —ハートビル法— 高齢者保健福祉推進十か年戦略の全面的な見直し —新ゴールドプラン—（95～99）
1995（平成7）	高齢社会対策基本法 障害者プラン —ノーマライゼーション7か年戦略—（96～02）
1999（平成11）	今後5か年間の高齢者保健福祉施策の方向 —ゴールドプラン21—（00～04）
2000（平成12）	高齢者，身体障害者等の公共交通機関を利用した移動の円滑化の促進に関する法律 —交通バリアフリー法—
2001（平成13）	高齢社会対策大綱
2002（平成14）	障害者基本計画（03～12） 重点施策実施5か年計画（03～07）
2004（平成16）	障害者基本法の改正
2005（平成17）	ユニバーサルデザイン政策大綱
2006（平成18）	障害者自立支援法 高齢者，障害者等の移動等の円滑化の促進に関する法律（ハートビル法・交通バリアフリー法廃止）

73都市へと急速にひろまり，これを発展させて，障害をもつ人たちの住みよい都市と心身に障害をもつ児童の早期療育態勢づくりを目的とした「障害者福祉都市推進事業」が創設されている。

1982（昭和57）年になると，中央心身障害者対策協議会が「障害者対策に関する長期行動計画」を示した。これは国連による「国際障害者年行動計画」の採択やそれにともなう諸活動などの国際すう勢に連動したもので，障害をもつ人たちの完全参加と平等を掲げ，保健医療や教育・育成，雇用・就業のあり方とともに，福祉・生活環境の施策がまとめられている。

一方，1960年代まで5％前後の水準で推移していた65歳以上の人口割合が，1985年には10.3％に達し高齢化が急速に進展した。その対応として，長寿社会対策を総合的に推進する「長寿社会対策大綱」が1986（昭和61）年に閣議決定された。また，1988（昭和63）年に国会提出された「長寿・福祉社会を実現するための施策の基本的考え方と目標について」では，"高齢者"と"障害者"を包括的に捉えた福祉施策の目標と方向が示されている。

このような流れのなか，1989（平成元）年には「高齢者保健福祉推進十か年戦略（ゴールドプラン）」が策定された。高齢者の保健福祉施設サービスの分野で実現させるべき10年間の目標を示したもので，在宅福祉対策と施設対策の大幅な拡充が盛り込まれている。翌年には，ゴールドプランの推進基盤を整備するために「老人福祉法等の一部を改正する法律」が施行された。これは在宅福祉サービスの推進という共通の理念のもとに，老人福祉法をはじめとして，身体障害者福祉法や精神薄弱者福祉法など，福祉関係の8法律を一括して改正したものである。

(2) バリアフリー化の推進

1993（平成5）年には障害者基本法が成立し，障害をもつ人の自立と社会・経済・文化活動への参加の促進が目的に位置づけられ，社会を構成する一員としてあらゆる分野の活動に参加する機会が与えられるとし，完全参加と平等がうたわれた。

この障害者基本法を背景に，障害者対策推進本部の「障害者対策に関する新

長期計画」が策定され，さらに具体化の重点施策実施計画として，1995（平成7）年に「障害者プラン―ノーマライゼーション7か年戦略―」が決定された。「障害者プラン」は，地域共生，社会的自立の促進，バリアフリー化の促進，生活質の向上など，7つの視点から具体的な整備目標を示したものである。バリアフリー化の促進では，公共性の高い民間建築物の指導・誘導や官庁施設の整備など，建築物の整備が求められた。内容には「地域の学習活動の拠点となる社会教育施設におけるスロープや点示案内板等の整備を促進する」とあり，博物館へ向けた要求も盛り込まれている。

　こうした動きに合わせて，高齢者や障害をもつ人の完全参加を具体化するため，建設省による「高齢者，身体障害者等が円滑に利用できる特定建築物の建築の促進に関する法律（ハートビル法）」が1994（平成6）年に施行された。そこでは，病院，劇場，観覧場，集会場，展示場，百貨店などを新たに建てようとする建築主に対し，高齢者や身体に障害をもつ人が利用できるための措置を講じる責務があるとして，最低限の基礎的規準，および望ましい誘導的基準の充足に努めることを求めている。このハートビル法によって，不特定多数が利用する公共的な建築物に全国共通の基準が設けられた意義は大きい。しかし，ハートビル法は努力目標の提示であることや，適用対象が制限されていることなど，決して十分な内容のものではなかった。これを補うためなどから，建築物とともに道路，公園，公共交通機関なども対象にして，整備や管理・運用のあり方を，独自の目的と判断にしたがって定める「福祉のまちづくり条例」を制定する自治体が増加している。

(3) 高齢社会対策の進行

　一方，障害者基本法やハートビル法に併行して，高齢者介護サービス基盤の整備と充実を掲げた「新ゴールドプラン」が1994（平成6）年に策定され，政府の推進対策の指針として高齢社会施策遂行の根幹となる「高齢社会対策基本法」が1995（平成7）年に成立した。

　その後，世界最高レベルとなる高齢化率の上昇に対応するため，「今後5か年間の高齢者保健福祉施策の方向―ゴールドプラン21―」が1999（平成11）年

に策定され，高齢者の保健福祉を支える社会的基礎の確立に向けた方向性の1つに，公共空間のバリアフリー化などの，高齢者や障害をもつ人に配慮されたまちづくりの推進が示されている。

さらに，2001（平成13）年に閣議決定された「高齢社会対策大綱」では，高齢社会における学習・社会参加の基盤整備が掲げられた。そこでは多様な学習機会の提供が必要であるとし，博物館における生涯教育や文化活動の充実と推進を図ることが述べられている。

(4)「障害者基本計画」と「障害者自立支援法」

障害をもつ人にかかわる施策では，2002（平成14）年に「障害者基本計画」が閣議決定された。内容は，従来から推進されていた施設のバリアフリー化のさらなる促進とともに，障害をもつ人たちの社会参加を阻む欠格条項を除去するための重点的課題が示されている。注目すべき事項として，公共サービス従事者に対する障害者理解の促進やボランティア活動の推進が，啓発・広報施策の基本的方向に掲げられている。障害をもつ人の社会への参加や参画を実質的なものとする共生社会の根幹であり，博物館も率先して取り組まねばならない課題といえる。また，情報・コミュニケーションにおける問題として，情報バリアフリー化の推進，社会参加を支援する情報通信システムの開発・普及，情報提供やコミュニケーション支援体制の充実が指摘されている。博物館にも直接かかわり，対応が求められる情報化社会での新しい課題である。

この「障害者基本計画」を受けて障害者施策推進本部が決定した「重点施策実施5か年計画」では，情報バリアフリー化の推進，ユニバーサルデザインによるまちづくりや，建築物のバリアフリー化による生活環境改善の推進などがあげられている。

また，2004（平成16）年には障害者基本法が改正された。旧法では法律の目的を「障害者の自立及び社会参加の支援等のため」とあったものが，「障害者の自立と社会，経済，文化その他あらゆる分野の活動への参加を促進すること」と改められ，具体的内容に一歩踏み込んだものといえる。このような社会参加の具体化を推進するため，翌年に国土交通省による「ユニバーサルデザイン大

綱」が策定されている。

　そして，2006（平成18）年に成立した「障害者自立支援法」は，障害をもつ人が地域で暮らす自立と共生の社会の実現を目的とするが，安定的な財源の確保のために，福祉サービスなどの費用に関して利用者にも応分の負担を求める事項が含まれている。障害をもつ人への費用負担は福祉の精神に反し，彼らの自立や社会参加を逆に阻むことになるとして批判が強い。この費用負担は各種の公共的サービス，すなわち博物館利用にも波及する懸念がある。先に示したように，博物館の根本は公教育に資する機関であり，障害をもつ人のみならず，本来はすべての人が経済的負担をせずに利用できるものでなければならない。本質を見極め，方法を誤ることのないよう注意が必要である。

　また，この年にはハートビル法と交通バリアフリー法をまとめた「高齢者，障害者等の移動等の円滑化の促進に関する法律」が施行された。従来"点"と"線"で進められてきた社会のバリアフリー化を"面"として地域全体に拡大し，多様な利用者に対応しようとするものである。

　以上のように，障害をもつ人たちに対する施設の整備は，高齢社会対策とあいまって，理念としてだけではなく，具体的に進められる方向にあるのが今日のすう勢となっている。ハートビル法や「障害者プラン」，「障害者基本計画」などに示されているように，彼らの文化的活動や学習活動を保障すべき博物館においても多くの対応が求められており，とりわけこれらの指針にもとづくバリアフリー化は必須の課題である。その際，博物館の施設設備は各館がもつそれぞれの特性により異なってくることから，統一的なマニュアルにしたがうだけではなく，個々の博物館が独自の対策を考えることも必要となってくる。

2　障害をもつ人の行動特性と留意点

　次に，障害をもつ人たちの実態を調べ，これをもとに各障害について行動の特性の理解に努め，そのうえで博物館における施設面との関係について検討してみよう[1]。

(1) 障害をもつ人たちの実態

　障害者基本法によれば,「障害者」とは「身体障害,精神薄弱又は精神障害があるため,長期にわたり日常生活又は社会生活に相当な制限を受ける者」と定義されている。このうち身体障害の内容は,肢体不自由,視覚障害,聴覚障害,言語障害,内部障害に大別される。これらは障害の程度によって,法制上6段階の等級にわけられている。一般的に,1級は最重度,2級は重度,3・4級は中度,5・6級は軽度とよばれるものである。

　内閣府の『平成30年版 障害者白書』によると,わが国の実態は,身体障害が436万人(症状の内訳は図9),知的障害が108万2000人,精神障害が392万4000人で,総計は936万6000人となり,都道府県別で第2位の神奈川県の人口をも上回っている。この数値は全国総人口の約7.4%を占め,国民の14人に1人の割合となる。つまり,障害をもつ人にかかわる事がらは,決して特殊な問題ではないのである。

　さらに近年では,障害をもつ人において高齢者の占める割合が急速に増大している。厚生労働省の「平成28年 生活のしづらさに関する調査」によれば,身体障害者手帳や療育手帳保持者のうち,60歳以上の占める比率は68%もの高い数値である。この割合は近年に至って著しく大きくなっており,その一方で,30歳以下の障害をもつ者は人数自体が減少している。こうした年齢の推

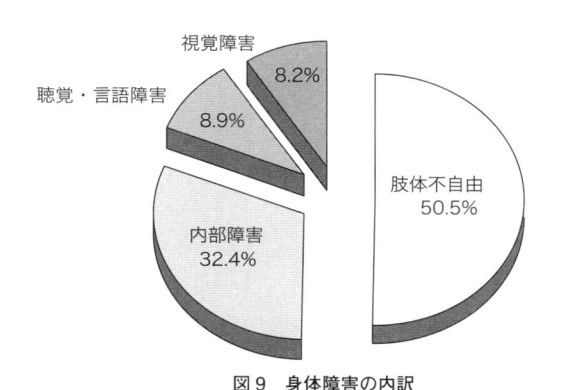

図9　身体障害の内訳
(厚生労働省「平成28年　生活のしづらさに関する調査」より作成)

2　障害をもつ人の行動特性と留意点

移から，中途障害の人が増加しつつあることや，高齢化の進行とともに多くの人たちに障害の問題が生じてきていることがわかる。

このうち，身体障害者手帳保持者の障害程度の内訳をみると，2016（平成28）年の段階で，1・2級の最重度と重度とが204万3000人で50.3％を占め，中度は161万8000人で39.8％，軽度は40万1000人で9.9％となっており，重い障害をもつ人の割合が高い。障害別では，視覚障害と内部障害において最重度および重度の占める割合が高く，肢体不自由と聴覚・言語障害は，各程度ともほぼ近似した割合となっている。

障害をもつ人たちの上記の実態をふまえ，次項からはそれぞれの障害の症状や行動特性をもとに博物館での対応を検討してみる。

(2) 肢体不自由

肢体不自由は，身体の上肢と下肢の四肢や，脊椎を中軸とした上半身と頸部である体幹の運動機能に障害をもつ。身体の一部や全体を動かすことに困難をともない，車いす，杖，歩行補助器などの補装具を必要とする場合が多く，これら補装具の使用を考慮した施設が要求される。

車いす利用者に対しては大まかに4つの点で対応が必要である。第1に，車いすの通行には一定以上の空間を確保しなければならない。JIS規格では車いすの全幅を65cm以下と定めており，一般的には60〜65cmが多い。全幅65cmの自走式車いすの場合，サイドリングを手でまわすことを考えるならば，通行幅が90cmは必要である。しかし，発達障害をともなう人では車いすが左右に振れることがあるため，120cm程度の通行幅は確保すべきとされる。さらに車いすがすれ違うには，180〜240cmの幅をみておかねばならない。

また，車いすの方向転換の際には，当然ながら通行幅以上の空間を必要とする。車いすの全長はおおむね95〜110cmである。全長が110cmでは，90度の方向転換に少なくとも135cm四方の空間をみなければならず，180度の方向転換では直径150cmの空間が最低限求められる。ただし，これらの空間設定は寸法のマニュアルだけで対応を考えるのではなく，館内での人の動線を総合的に捉えて，動きやすくすることが大切である。

第2に，車いす利用者の手が届く範囲は，利用しない人に比べ著しく限定される。床からシートまでの車いすの座高（後座）は41〜45cmがほとんどである。上肢に障害のない身長165cmの利用者が車いすに座り上体を動かさずに手が届く範囲は，床上35cm以上145cm以下の間と，前方約60cmまでの程度でしかない。博物館の場合，券売窓口，券売機，ロッカー，洗面台，エレベーターの操作盤，公衆電話，映像機器など展示関連機器の操作盤，解説シート配置台，図書室の書架，ミュージアムショップの商品棚などの設計で考慮が必要である。

　第3は車いすの機能上の制約によるもので，床の凹凸や段差の除去が望まれる。1cm程度の凹凸や段差は通行できる場合もあるが，決して容易ではない。この段差はスロープの取り付けにより解消が可能となる。約10cmまでの段差であれば比較的急勾配のスロープであっても自走できるが，スロープの勾配は12分の1を基準とし，高低差75cmごとに150cm以上の踊り場が必要とされている。ただし，上りのスロープをほとんど自走できない人も少なくない。自走できない人に対してやスロープの空間が確保できない場合は，階段リフトや昇降リフトの設置という方法もある。

　また，車いすは弾力性がある床での操作は難しい。博物館では観覧者の足音の消去と快適性の見地などからカーペットを敷くことは多いが，毛足が長く柔らかすぎるものは適切でない。一方，野外博物館や屋外展示場では，通路が未舗装や砂利敷，石敷，タイル貼りであることが多い。いずれも舗装した通路の併設が求められる。

　第4には，車いす使用者に必要な独自の装置についてである。お手洗いは便器の形態と，便房の広さのとり方に留意しなければならない。また，視聴覚機器などのブースを設ける博物館が増加しているが，これらに車いすへの対応が考えられている例はわずかでしかない(**写真1**)。出入口の幅は最低90cm，ブース内の空間は方向転換を見込んで直径150cm以上，ほかに操作盤や画面の位置などの設計に対応が必要となる。さらに博物館全体をとおして扉は自動式が望ましいが，手動の場合は引戸が原則である。回転式や押戸では車いす使用者がほとんど対応できない。

写真1　車いすでも利用できる映像ブース
(ブースの入口は広くて段差がなく，テーブルは車いすがぶつからないように下があいている：滋賀県立琵琶湖博物館)

　なお，車いすは杖や歩行補助器の代用ともなるため，貸出し用の配備は必須である。

(3) 視覚障害

　視覚障害は両眼の矯正視力の障害である。身体障害者福祉法ではその基準を，
・両眼の矯正視力がそれぞれ 0.1 以下のもの
・一眼の矯正視力が 0.02 以下，他眼の矯正視力が 0.6 以下のもの
・両眼の視野がそれぞれ 10 度以内のもの
・両眼による視野の 1/2 以上が欠けているもの
としている。一般的には視力の程度により，盲，準盲，弱視と区分して呼称することが多い。盲は両眼の矯正視力が 0.02 未満で，視覚に頼ることができない。もっぱら触覚と聴覚が生活上の手段である。準盲は両眼の矯正視力が 0.02 以上 0.04 未満で，日常の生活ではある程度の視覚に頼ることができるが，文字はおもに点字を使っている。弱視は両眼の矯正視力が 0.04 以上 0.3 未満で，日常生活の情報の多くを視覚で得ることができる。しかし，熟知した場所であってもすばやい行動をとることは困難とされる。

　視覚障害をもつ人は 1・2 級の占める割合が多く，これは視覚にまったく頼ることができない。視覚に代わる確認・弁別法には触察，音，臭いがあるが，博物館では触察と音による方法が効果的と思われる。

触察による確認・弁別法には，手と足による二者がある。手による触察では点字文字がもっとも多くの情報を伝達できる。博物館では館内施設の説明，室名の表示，階数の表示，券売機の説明，エレベーター操作盤の説明，階段の上り・下り・段数の表示，さらに展示資料の解説などにおいて，適切な表示位置で対応しておくことが必要である。ただし，点字文字の習得には能力と多大な努力が要求される。盲人口のうち約70%は中途失明者であり，その大多数を占める高齢者には点字文字の習得は容易ではない。高齢者のなかには手指の動作や感覚に問題をもち，習得をいっそう困難にしている場合もある。したがって点字文字を活用するにしても，明瞭で簡潔な表示であることが望ましい。

　また，手による触察にかかわるものに手すりがある。手すりは，視覚障害をもつ人たちにとって誘導や身体を安定させる役割を果たし，同時に肢体が不自由な人や高齢者に対しても有益性が高い。博物館では，通路や階段，エレベーター内だけでなく，展示室も含めた館内のすべての動線において設置するのが最良といえる。手すりの設置に際しては，取り付け壁面がざらざらした材質では，擦過傷を負いやすいために不向きである。手すりの高さは各人の身体状況により個別性が強いことから，床からの高さが60cmと80cm程度を二段平行して設置する方法がよいとされる。階段では手すりに身体をあずけることになるため，転落に対する充分な工夫が必要となる。

　足による触察のよりどころには誘導用点字ブロック（以下，誘導ブロックと略す）がある。誘導ブロックの敷設規準は，1976（昭和51）年に建設省大臣官房官庁営繕部が作成した「身体障害者の利用を考慮した設計資料集成」に示されており，官公庁の設計に際しての指針となっている。博物館では館内すべての動線に設置することが最善と考えるが，次善の策として，アプローチ部分および駐車場からエントランスまでの動線，階段の始点・踊り場・終点，エレベーター前，部屋の出入口前などへの設置は必要である (**写真2**)。

　音による確認・弁別法には，ガイドレシーバーやアナウンス，誘導音，告知音などがある。一般的に，作品の鑑賞や資料の観察のために極力静かな環境が求められる博物館では，展示にかかわりのない音は歓迎されない。そのためガ

写真2　館の入口から受付まで続く誘導ブロック
(泥払いのマットが誘導ブロックを覆わないように配慮されている：埼玉県立川の博物館)

イドレシーバーは活用性が高い。しかし、床面積が広い場合には誘導音や告知音による誘導も効果的であろう。誘導音を鳥のさえずりや小川のせせらぎ、風や木のざわめきなどの自然の音に置き換えることにより、違和感をなくすことができるものと思われる。誘導音を用いるためには、スピーカーの回線や配置場所を計画的に設計しておかなければ難しい。また、エレベーターの到着告知音も博物館ではほとんど見かけないが、視覚障害をもつ人たちの利用のためには有用な措置であろう。

　一方、視覚に障害をもつ人の歩行上の安全性を確保するために、施設全般で次の3点に対処が必要と考えられる。1つは車いす使用者とも共通するもので、床面の段差を解消し、滑りにくくすることである。視覚に障害をもつ人は低い段差でも転倒の危険性が高い。また、階段を設ける場合は緩勾配の折れ階段が望ましい。らせん階段や長い直線階段は、転落時の衝撃が大きいからである。2点目は、壁面からの突出物、通路部分の固定物、ロープやチェーンによる仕切りなどの障害物をなくすことである。これらは歩行や行動を困難にするだけでなく、安全を脅かすこととなる。最後は照明、採光、色彩を配慮することである。弱視者に必要な処置で、暗い照明のもとでは室内の状況が識別しにくく、場所による急激な光量の変化は一時的に視力を失い、いずれも転倒の原因となる。博物館での照明や採光は資料の劣化や展示の演出と関連するため、両者の調整が課題である。

(4) 聴覚障害

聴覚障害は伝音聴覚や感音聴覚，あるいは聴中枢機能の障害で，これにより聴力の減退を生じている。残存聴力はあるが会話やアナウンスなどを聴きとりにくいものを難聴，音がまったく聴こえない場合を聾とすることがある。

聴覚に障害をもつ人は音響情報が利用できないことにより，とりわけ自ら発した音による行動調節や，危険の察知などに大きな制約を受ける。こうした制約を補うために，補聴器や人工内耳などの補助具や，文字表示，手話，指文字などの手段が用いられている。

補聴器は聴覚障害をもつ人にとって使いやすい補助具ではあるが，3m以上離れると聞こえにくくなるうえ，雑音まで拡大してしまう。騒々しいなかでは補聴器を使用しても，特定の音や言葉を正確に聞き取ることは難しい。博物館では，内部を全体的に吸音性のある仕上げとし，各部屋を他室から遮音する配慮が必要であろう。また，音声解説機器を併用する展示では，磁器誘導ループ装置など，補聴器使用者にスピーカーをとおした音だけが鮮明に聴こえる方法が開発されており，展示室での設置が望ましい。

さらに，補聴器を使用できない人もいるため，館内アナウンスの内容を表示できる文字表示装置の設置は理想的である。

(5) 言語障害

言語障害は話すことや言葉を聴いての理解にかかわる障害で，機能的構音障害，言語発達遅滞，脳性麻痺言語，口蓋裂言語，吃音，失語症などと多様である。

言語障害はコミュニケーションの歪みをひきおこし，それによりアイデンティティ感覚からの墜落，共同体帰属意識の喪失，共存感の失墜などをもたらすという[2]。言語障害によるこのような影響は，情報を受けることに問題があるからではなく，情報を伝えることができないことによる。博物館では施設面とのかかわりは少ないが，ソフト面での対応に留意しなければならない。

(6) 内部障害

内部障害は，体幹内部の臓器の機能障害のため日常生活に著しい制限をうけるものである。身体障害者福祉法では心臓機能障害，じん臓機能障害，呼吸器

機能障害をあげている。外見では判断し難い障害だが，医療や環境面での多くの制約のなかで日常生活を送っている。心臓や肺に機能障害がある場合，長距離や長時間の歩行はできず，階段を昇るのも困難である。博物館設計上での配慮は，肢体不自由における対応と重複する部分が多い。

(7) 発達障害

先天的あるいは後天的な原因の心的障害により，学習や社会生活への適応が困難な状態となる発達障害は，障害知能の程度をもとに最重度・重度・中度・軽度に分類される。

最重度は意志交換や環境への適応が困難で，すべての面で介護を必要とする。多動や自他傷などの行動がみられ，集団行動は他人についていける程度で，文字の読み書きはできない。重度は，身辺の処理が部分的にしかできず多くの面で介護を必要とする。多動や自閉などの行動があり，簡単な文字の読み書きも困難である。

中度の場合は，身辺の処理がおおむね可能であるが状況に応じた配慮ができず，部分的な介護や配慮を必要とする。簡単な規則はある程度理解でき，日常会話はなんとか通用し，ひら仮名の読み書きはだいたい可能とされる。軽度は日常生活での自立がほぼ可能であり，介護を必要としない。日常会話や簡単な読み書きはできるが，抽象的思考や推理は困難で，事態の変化に適応できないこともある。

なお，発達障害をもつ人には複合障害の症状がみられることが多い。したがって施設面での対処方法は，肢体不自由や視・聴覚障害などに対するものを包括的に捉えた対策が必要である。ただし，発達障害への対応は上記のように個別の介護を必要とする。その点は，彼らに対する正しい理解と共感を築いたうえで，ソフト面での対応が大切になると考える。

3　博物館施設の課題

博物館の施設は，館種によって若干の違いがあるものの，導入部門，展示部門，普及部門，収蔵部門，調査研究部門，管理部門の6部門から構成される。

図10に示したように，利用者の動線が設定されるのは導入・展示・普及の部門であり，この3部門における各室の関係は図11となる。障害をもつ人たちへの対応は，利用者の動線を全体に見とおして，統一的に実行されなければならない。

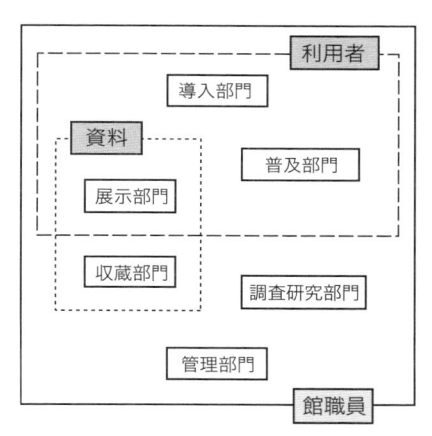

図10 博物館における各部門とヒト・モノの関係

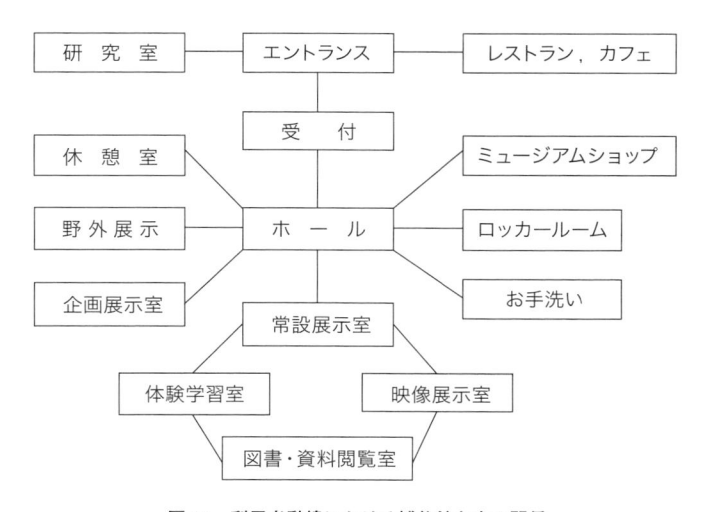

図11 利用者動線における博物館各室の関係

3 博物館施設の課題

(1) 導入部門

エントランス，券売所，ホール，ロッカールーム，お手洗い，ミュージアムショップ，休憩室，レストラン，喫茶室などがある。まずエントランスは，敷地入口からのアプローチを車道と明確に区分し，それと交差しないことが望ましい。アプローチは段差を解消して車いすの通行を容易にし，さらに誘導ブロックや舗装面の変化によって視覚に障害をもつ人を安全に導くようにすべきである。入口の扉の前では，誘導ブロックが泥払い用のマットで覆われている場合が多い。わずかの距離であるが安心感が損なわれる。先に示した写真2のように，マットを2枚に分けるなど，簡単な工夫で解消できる。また，障害をもつ人のための駐車場はエントランスに近いのがよい。彼らは傘をさして移動するのが苦手だからである。そして駐車スペースは，車いすとの兼ね合いから3.5m以上の幅員が必要とされる。

ホールは，券売所やロッカールーム，お手洗い，展示室，研修室などの各部屋につながり，休憩室やミュージアムショップ，喫茶室などに接する場合が多い。見学者の動きの中心となる場所であるため，車いす使用者が数人でも利用可能となるスペースの確保は大切である。

券売所やロッカールームでは，車いす使用者の手の到達範囲を考慮して，窓口やロッカーの高さが設定されねばならない。お手洗いは，肢体不自由に対応したものを男女別に設けるのが望ましい。休憩室のいすやソファーは，そこに座った人が車いす利用者と並ぶことのできる配置や空間をとるべきである。

ミュージアムショップにおいては通路が狭くなりがちである。車いすの通路幅を確保し，安全に注意してショーケースや商品棚を配置しなければならない。レストランや喫茶室も同様である。

(2) 展示・普及部門

展示部門は，常設展示室，企画展示室，映像展示室などから構成されている。常設や企画展示室では，車いすで通行できる十分な幅員の通路空間を設けるとともに，床上10〜25cmの車いすのフットレス部分には，展示資料や展示ケースの保護処置が施されていると安全である。露出展示の場合，展示空間と通路

部分をロープなどで仕切ると，視覚に障害をもつ人には識別が難しい。映像展示室では独立したブースを設ける際は敷居をなくし，車いすのために広い空間を確保すべきである。展示室内の解説シートの配置台や各種の操作盤の設計では，車いす使用者の手が届く範囲や，視覚障害に対して考慮しなければならない。また，復元建物や移築建物などには敷居や段差が多く，障害をもつ人の歩行や行動は困難である。コンパクトスロープなどを細やかに設置することが望ましい (**写真 3**)。

歴史的な建造物や施設では，スロープや昇降機などの設置はそれらの本質を損なうこととなり，望ましくないとする意見がある。たしかに，歴史のある古い建築には現代的なバリアフリーの設備はそぐわず，景観に違和感が生じることも稀ではない。しかし，もしそれらの配慮がなければ，多くの人たちが得ることのできる往古をしのぶ感動や感慨を，障害をもつ人は求めても享受できないのだということを忘れるべきではない。

普及部門には体験学習室，研修室，図書・資料閲覧室などがある。体験学習室は触察が生かされる場でもあり，視覚障害をもつ人には期待度が高いコーナーとなっている。点字案内板や補助器具を備えて部屋全体の説明をおこない，各種の体験が実施されることを考えて細部にわたる工夫が望まれる。研修室については使用方法に柔軟性をもたせた設計とし，いすを造り付ける場合，車いすの人が並べる空間も設けねばならない。図書・資料閲覧室では車いすの使用

写真 3　歴史的復元建物での段差解消コンパクトスロープ
(八戸市史跡根城の広場復元主殿〔青森県〕)

を見込んだ通路幅を確保し、棚の高さも考慮すべきである。

(3) 利用に適った博物館の基本構造

以上の利用者動線の全体を見とおし、障害をもつ人たちにとって利用しやすい博物館の基本構造の要素として、次の6項目が考えられる。

第1は、シンプルで回遊する動線の設定である。バリアフリーな施設の基本は移動が支障なくスムーズにおこなえねばならない。障害をもつ人や高齢者は疲れやすいこともあり、各室間や室内の動線が複雑であれば移動の負担が重くなり、展示に対する集中や参加がおろそかになってしまう。動線の設定は資料の搬出入や展示演出ともかかわってくるが、できるだけシンプルに整理することがポイントである。

また、動線に行き止まりがあると動きに不都合が生じる場合が多いため、回遊する一筆書きの動線が望ましい。各室の入口と出口は別々に設けることを理想とするが、さもなければ室内での動線を回遊させるような工夫がほしい。同時に、一定の順路で各室に移動するのではなく、ホールを中心に目的の場所へ直接行ける自由な動線であるのがよいといえよう。

第2は、車いすの通行幅を充分に確保した出入口と通路を設けることである。車いすでの行動には介助者同行の場合が多く、さらに複数での利用を考慮したゆとりのある出入口や通路が必要となる。出入口と通路の幅は相関的に捉えればよく、出入口の幅が狭い場合は通路幅を広くとり、逆に出入口幅が広い時には通路幅は最低限であってもさしつかえないようである。しかしその幅は、先記の規格にあった寸法だけで考えるのではなく、人の動きを総合的に捉えた対応が大切となる。これは非常時の安全性にもつながる。

第3は、段差がなく平坦で、柔らかすぎない床にすることである。段差のない床は、車いす利用者や、肢体不自由あるいは視覚に障害をもつ人、さらに高齢者に配慮するうえでの重要なポイントである。配線モールやフロアータイルなどのわずかな凹凸や小さな段差ほど危険であるとされ、解消に努めねばならない。また柔らかすぎるカーペットも、車いすの通行や足の衰えた高齢者の歩行には支障をきたすものとなってしまう。

第4は，通路や階段，ホール，展示室における手すりの設置である。肢体不自由や視覚に障害をもつ人，さらに高齢者のニーズが高い。利用者の個別性に配慮して二段に取り付けることが最良で，取り付け壁面は擦過傷の防止から平滑な材質が適している。

　第5は，誘導ブロックや点字パネルの適切な設置である。前記のように，誘導ブロックは最低限でも，アプローチおよび駐車場からエントランスまでの動線，階段の始点・踊り場・終点，エレベーター前，エスカレーターの始点・終点，各室の出入口前などで必要であるが，本来は館内すべての動線での設置が理想と思われる。その場合，誘導ブロックだけで導くのではなく，手すりや音声ガイドなどで補完する方法も考えられよう。屋外を展示に取り込んでいる場合は，その動線にも設置するのが望ましかろう。

　また，点字パネルは館全体の説明，室名の表示，フロアー階数の表示，階段での行き先や上下および段数の表示，券売機・エレベーター・展示関連機器の操作盤説明，展示資料の解説などで対応すべきである**(写真4)**。そして，誘導ブロックと点字パネルは相互に関連するように配慮することにより，視覚に障害をもつ人の行動は容易になる。相関性を考慮しない設計では両者ともに効果

写真4　点字で説明された触知図と音声を併用した館内案内（博物館の敷地入口やエントランスでの設置が増えつつある）

3　博物館施設の課題

がほとんど失われてしまう。

　第6は，福祉装置の活用である。現在では各種の機器が開発されており，博物館に適するものには段差解消のためのコンパクトスロープや昇降リフト，車いすに対応できる階段リフトやお手洗い，補聴器の聞こえを良くする磁器誘導ループなどがあげられる。障害に対する考慮がほとんどなされていない既存の建物では，福祉装置の効果的活用によって構造や設備の不備をある程度補うことが可能となろう。

(4) バリアフリーな博物館への展望

　バリアフリーな博物館の要素は，本来は設計時に充分な検討が加えられるべきである。一般的に博物館が設立される場合，基本構想が出され，それにもとづいて建築委員会や展示計画委員会などの専門委員会が設けられる。従来，この建築委員会や展示計画委員会に，福祉施設設計の専門家や福祉関係機関の人が参加した例はほとんどみられないし，彼らからのアドバイスを受けることもあまりなかったようである。博物館建築や展示設営の専門家だけによる設計では，障害をもつ人たちへの視点に欠ける場合が多い。現に，これまでそうした人たちの手により発表された博物館設計や展示設計に関するマニュアルに，障害をもつ人たちに対応する満足な記載をみつけることは難しい。今後の建築委員会や展示計画委員会には，福祉施設設計の専門家や福祉関係機関の経験者の参画を考慮すべきであろう。

　また，博物館開館後も，実際に運営することで予測しえなかった新たな問題の生じることが考えられる。施設・設備や展示方法に対してなど，さまざまな点がある。そのために，福祉機関の関係者を運営委員に加えることや，障害をもつ人たちに対応するシステムづくりも考慮すべきと思われる。

　ほかにも，博物館のバリアフリー化のために建築計画上検討すべき点は多い。ただし，バリアフリーな博物館は建築物の障壁を取り除くハードの整備だけでは実現しない。博物館のすべてのスタッフが障害をもつ人たちのことを正しく理解し，彼らに対応するシステムづくりなどのソフトを充実させることが基本なのである。そのうえで，物理的な環境整備を補い，障害をもつ人に対する理

解やシステムを具体化していく多様なサービスも必要とされる。サービスの中心は人であり，ガイドヘルパーのようなサービスを博物館が独自で設けることも1つの方法であり，従来からの展示解説員やボランティア活動員がその役割を合わせもつことは可能と思われる。ハードとソフトの対応がバランスよく整うことにより，はじめてバリアフリーな博物館が実現するのである。

註
1) 障害をもつ人たちに対応する建築設計については，ハートビル法第3条にもとづき建設省告示で定められた特定建築主の判断基準，「長寿社会対応住宅設計指針」，および以下の文献を参考にした。日本建築学会編『ハンディキャップ者配慮の設計手引』彰国社　1981，建築思潮研究所編『心身障害者福祉施設』建築設計資料第14号　建築資料研究社　1986，建築思潮研究所編『地域福祉施設―市民が支える福祉社会を求めて』建築設計資料第57号　建築資料研究社　1996。
2) 角山富雄「第1章3．言語ハンディキャップ」『ハンディキャップ教育・福祉辞典』Ⅱ巻　福村出版　1994

第5章　博物館運営の新基軸

　ノーマライゼーションやリハビリテーションの思潮のもと，障害をもつ人の社会参加を可能にするための施設のバリアフリー化が進み，博物館でもハード面の整備は進んできている。バリアフリー化の推進は，だれもが学習できる博物館づくりの基盤となる。しかし現状では，バリアフリーの整備が博物館の機能と結びついていないことが多い。

　例えば，車いすが配備されていても，座った姿勢や目線では見られない展示位置や状況となっている場面が少なくない。また視聴覚装置を用いた展示では，固定された椅子が妨げとなって，車いす利用者の使用が不可能な場合があり，通路幅が狭いうえに複雑な動線のため，車いすでは入れないミュージアムショップやミュージアムカフェもよくみられる。また，誘導ブロックにしたがって館の入口まで来ても，館内には視覚障害に対する誘導や解説のシステムが整えられておらず，何よりも視覚以外で理解できる展示方法が一切とられていないことの方が大多数である。

　博物館における施設設備のハードの整備は，すべての博物館サービスや活動のソフトの部分と一体化していなければまったく意味がない。本章では博物館活動における障害をもつ人への対応の現状を捉え，留意点や今後の方向性の検討をおこないたい。

1　ハードとマネジメントの視点

　はじめに，博物館が障害をもつ人たちをその活動のなかに招き入れるため，施設・設備のハード面と，運営にかかわるマネジメントのアウトラインについて考えてみよう。

(1) 施設・設備の改善

博物館では、ほかの生涯教育機関と同様に、触知図に点字を併記した館内案内板やエントランスまでの誘導ブロック、段差を解消するためのスロープ、通路や階段の手すり、障害に配慮したお手洗い・エレベーター・自動扉の設置など、施設の改善は進みつつある（**写真5**）。

入口に触知図の案内板が設置された博物館は、館の姿勢に障害をもつ人の利用を促そうとする優しい印象が感じられる。ただし、触知図はその図に関する知識の積み重ねが必要であり、見た目が単純な図であっても習熟していないと理解は困難で、習熟者でも認知するためには文章より相当の時間がかかることが指摘されている[1]。そのため一見優しい触知図の案内板は、意味のないものになっている場合が多い。たとえ触知図が理解できたとしても、入口で館内の施設配置を頭にたたき込んでおかねばならないのは、至難の業である。この点からすると、触知図は固定された立派な案内板よりも、持ち運ぶことが可能なシート式の方が実用的価値は高い。

誘導ブロックの敷設は、最寄りの駅やバス停から館のエントランスまで配置されている例も最近では少なくない。館独自の視点だけではなく、地域と連携した取り組みが必要である。この誘導ブロックはおもに盲と弱視の人たちをサポートするもので、識別性の高い黄色が本来の規格となっている。しかしなが

写真5 車いす利用者のためのインターホン
（車いす利用者の来館を介助する姿勢がうかがえ、安心感をもたらしている：足寄動物化石博物館〔北海道足寄市〕）

1 ハードとマネジメントの視点

ら周囲の景観との調和が重視され，歩道面と同系色である場合の方が現在では多い。とくに建物に芸術性を付加する傾向が強い博物館では，黄色の誘導ブロックは建築デザイナーにあまり好まれない。弱視者を無視した色調の誘導ブロックは見た目を美しく保っているかもしれないが，これを「"心の美観"を損ねるもの」[2]と批判する山本哲也氏の言葉は強く共感できるところである。

　誘導ブロック以外に視覚に障害のある人を導く方法として，音声による歩行案内システムの開発も進められている。神奈川県立生命の星・地球博物館（小田原市）ではエントランスホールを中心に，総合案内やお手洗い，ロッカールーム，ミュージアムショップ，シンボル展示から展示室などへの案内として，トーキングサイン・ガイドシステムが1999（平成11）年から導入されている。これは目的の場所に赤外線信号を発信する電子ラベルを設置し，そこから音声メッセージとなって発信される信号をレシーバーで探索して進むことにより，利用者を目標に導く仕組みである[3]。

　同様の方法は茨城県自然博物館（坂東市）でもおこなわれ，ここでは展示解説と一体化したものに工夫されている。

　また，福祉車両駐車場の確保や車いすの配備も一般的になっている。車いすは，それに完全に頼らなければ行動がとれない人が博物館であらためて借りることはまずない。したがって，配備の車いすは特段の障害のある人たちだけを対象にするのでなく，妊婦や体調がすぐれない人など，幅広い利用者を視野に入れるべきと思われる。博物館のエントランスに車いすがずらりと並ぶ光景をしばしば見かけるが，それらは何か特別なもので，余程のことでなければ使用してはならない雰囲気が強い。実際に利用率は低いようである。

　ほかに，スロープやエレベーター，障害に配慮したお手洗いなどは，複数が同時に利用できる点を考慮して設置するのが望ましい。障害をもつ人が博物館を利用する際はグループや団体である場合も多く，一時に大勢への対応ができる施設の整備は，現状ではほとんど実施されていない。このような問題は，配備された車いすの扱いと同様に，バリアフリーからユニバーサルサービスへの発想の転換が解決の糸口になると思われる。

前章で記したように，博物館におけるハード面の整備は速やかに遂行すべき課題であるが，早急な解決が困難であれば，複数のスタッフが介助することにより，かなりの対応が可能なはずである。その場合，対応のマニュアルを作成しておけば迅速な措置がとれる。ただし，障害をもつ人たちの多くが望んでいるのは，自らの判断で自主的な行動がとれる環境であり，全体において統一された施設や設備の整備は，彼らの自主決定権を保障するための基盤であることを忘れてはならない。

(2) 運営システムの改善

　これまでの博物館は，資料や作品を"見る"施設の性格が強かったため，視覚に障害をもつ人たちは博物館の利用を躊躇している。肢体に障害をもつ人たちも施設の利用は可能なのか不安がある。知的障害や精神障害をもつ人やその家族は，博物館は静寂な学習施設というイメージがあり，敬遠せざるをえないと感じている。彼らは博物館が具体的に何を提供し，どのようなサービスを実施してくれるのかを，長い間にわたって積極的な受け入れがなかったために知らないのである。

　そのために，まず始めなければならないのは障害をもつ人たちを迎え入れる姿勢を示すことで，具体的には，彼らにどのような対応ができるかといった情報の提示が大切であろう。博物館の入口での案内や，インターネットのホームページ上での掲示などの方法が有効であり，ホームページで提供された情報は，近年では音声変換ソフト（スクリーンリーダー）や点字で出力する仕組みを介して，視覚に障害をもつ人でも知ることができる。

　運営にかかわるマネジメントの問題のうち，入館料について考えておきたい。入館料徴収館の一部では，料金控除措置により，障害をもつ人への利用に応じている。障害をもつ人たちの雇用機会は決して満足な状況にはなく，さらに日常生活で多くの厳しい生活課題を抱えている人たちが少なくないことを考えるならば，入館料の控除は安心して博物館学習に取り組むための前提となる。日本博物館協会がおこなった2004（平成16）年の調査によれば，障害をもつ人への入館料の控除措置は全額免除が24.3％，割引措置は47.9％の博物館園で実施

されている[4]。ちなみに1994（平成6）年での状況を『全国博物館総覧』[5]の記載から調べると，全額免除が入館料徴収館全体の2.2%，割引措置が1.6%の実施でしかない。記入漏れの館も想定され実態はいま少し多かったとは思われるが，この間における導入の急速な進捗がわかる。

しかし，入館料控除措置はまだ十分な定着率とはいえないし，企画展を対象外として実質的な利用の便が図られていないことが多い。また，控除の対象を重度（1・2級）の身体障害に限定した例や，視覚障害だけが無料でそれ以外の障害を半額とする場合などがみられる。障害の内容で区分する方法は，障害をもつ人たちが障害のいかなるかにかかわらず，現状で否応なく負わされている経済活動での不利益を推察すれば，適切なやり方とは思われない。同じように，控除措置を設立自治体の行政範囲の在住者に限る博物館もあるが，障害をもつ人に対する配慮は一定地域の在住者が限定で受けるサービスとは別次元の問題で，やはり適切とはいえない。

一方，障害をもつ人を介助する同行者にも控除措置をとる例が増えている。上記の日本博物館協会の調査では，全額免除が15.5%，割引措置が14.5%となっている。障害によっては介助者の付き添いを必要とする場合も多々あり，また，障害をもつ人がヘルパーなどの介助者を依頼した場合の交通費や入館料は，依頼者の負担とされるのが現状である。介助を依頼する人の負担や心情を思慮するならば，必要度の高い導入措置といえる。

入館料の控除がおこなわれている博物館園の内訳をみると，水族館および動・植物園がかなりの割合で実施されており，次いで美術館が多い。障害をもつ人たちに対して情操教育が重視されていることのあらわれと推測されるが，生きていくための学習に取り組まなくてはならない生涯学習社会では，情操教育だけで事足りるわけではない。歴史系や自然史・理工学系の博物館でも積極的に実施すべきであろう。

ただし，博物館は公教育の役割を担う機関であり，そのサービスはすべての人が無料で受けられるべきである。博物館法でも，公立博物館をさしてではあるが，入館料や博物館資料の利用に対する対価を徴収してはならない原則が第

23条に明記されている。この点からみれば，公立博物館を公教育機関とする位置づけが博物館法にも看取される。しかし，入館料徴収館は増える傾向にあり，2016（平成28）年度の国公私立の有料博物館園は全体の約71％にものぼっており，公立博物館園に限ってみても約74％が有料である[6]。博物館と同様に生涯学習の中核的施設に置かれている公民館では，利用料を徴収しないのが原則となっているし，図書館でも利用が無料であることは完全に定着している。学ぶためのおもな要素は"場"と"書物"と"モノ"であり，公教育の遂行に必要な3大要素といえる。公民館や図書館と同様に，博物館も公教育機関としての活動と認識の定着に努めねばならない。

　また，入館料の徴収については，入館者の管理・規制が大きな目的となっており，利用者の足を遠のかせる弊害でしかないとも指摘されている[7]。公教育機関が利用者の管理・規制を対価徴収という手段でおこなうのは目的と矛盾する方策であり，障害をもつ人だけでなく，すべての人たちにとって博物館利用の大きな障壁となっているのが現実であろう。こうした入館料に関する問題が博物館利用の大きな阻害になっていることは，序章のアンケート結果で検討したとおりである。

2　博物館活動の視点

　一方，博物館と利用者の最大の接点となる展示や学習支援活動においても，障害をもつ人への対応が増加している。

（1）触察展示のひろがり

　従来，ほとんどの博物館展示は見ることで成り立っていたため，視覚に障害のある人の展示参加は閉ざされていた。しかしそのなかで，一部の博物館園では彼らの参加に向けた取り組みがおこなわれ，見ること以外の手段による理解や学習の方法が工夫されるようになってきた。

　障害をもつ人に対応した展示の改善は1960年代後半ころから始まっている。先駆的な実践例をあげると，マリーンパレス大分生態水族館（現，うみたまご—大分マリーンパレス水族館）（大分市）では1967（昭和42）年に「耳と手で見る魚の

国」のコーナーが設置され，触察用の魚類の模型に音声解説を配する工夫がおこなわれるようになった。そして，1974（昭和49）年に開館した大阪市立自然史博物館（大阪府）では「視覚障害者コーナー」が設けられ，さわるための化石や岩石標本を展示して，点字のキャプションが付されていた。また，歴史と自然史を合わせた総合博物館の岐阜県博物館（関市）では，1979（昭和54）年に「視覚障害者（触察）コーナー」が置かれ，動物の剥製標本と土器や石器のレプリカなどが，点字と墨字のキャプションを添えて展示されている。

その後，1981（昭和56）年の国際障害者年を契機に，改善を試みる館が増えてくる。歴史系の名古屋市博物館（愛知県）では，約30㎡の「触れてみる学習室」が開設された。この学習室には10点程度の資料が展示され，触察による資料理解の意図のもとすべてを自由にさわることができ，ミニ企画展形式で3年に1度程度の頻度で内容が替わるものであった。展示は実物とともに複製，模造，模型などで構成されており，同時に点字と墨字を併記した解説プレートと点字の解説パンフレット，およびヘッドホーンガイドで必要な情報を提供する工夫がなされていた。

1982（昭和57）年開館の和歌山県立自然博物館（海南市）では，水族館部門の展示に「手でみる魚の国」のコーナーが設けられた**(写真6)**。内容は〈紀州沿岸の魚の博物誌〉〈身近な貝殻〉〈海のトピックス〉で構成され，点字キャプショ

写真6　視覚障害に向け「手でみる魚の国」と題された展示コーナー　（和歌山県立自然博物館）

ンが添えられた約35種50点の剥製や模型をさわりながら観察し，備え付けのヘッドホーンで標本の解説や水族・海・地域の歴史などの説明を聴くことができるものである。館の入口からコーナーまでは誘導ブロックが敷かれ，触察展示は手すりにしたがって全体がつながっている。ここは視覚に障害をもつ人を対象に設置されたものであるが，"どうぞ触れて観察してください"や"さわって！さわって！"と書かれたパネルがあり，すべての利用者の触察を積極的に促す姿勢がみられる。また，触察資料以外の水槽や展示の要所にも点字による解説を配置し，さわれなくとも情報がしっかりと提示されている。なお，触察展示のヘッドホーンガイドは現在では撤去され，要望にあわせて学芸員が説明するシステムに変えられている。

　同じく自然史系の埼玉県立自然史博物館（現．埼玉県立自然の博物館）（長瀞町）では，1983（昭和58）年にオリエンテーションホールの一画に「視覚障害者コーナー」が設置された。アクリルケースで保護された動物標本の展示で，ケース側面の窓から標本を触察できるものである。点字と墨字のプレート説明があり，必要に応じて人的な解説や指導もおこなわれていた。

　その後，1984（昭和59）年に開館したギャラリー・TOM（東京都渋谷区）は彫刻を中心とした造形作品を展示する小規模な私立美術館で，視覚に障害をもつ人たちが自由に安心して，手でさわりながら美術作品と対話することをねらい

写真7　触察による美術作品との対話が意図された展示
（ギャラリー・TOM）

とした(写真7)。ここには展示ケースがなく，作品のすべてを視覚障害の有無にかかわらず，だれでもさわって観察することができ，趣旨を同じくしたワークショップも定期的に開催されている。

主として自然史系から始まり，歴史系博物館や美術館でも取り組まれるようになった触察展示は，以後，1993年(平成5)の障害者基本法や翌年のハートビル法の制定を機に，かなり増えるようになっていった。さらに，1999(平成11)年から3か年にわたって実施された文部科学省の「親しむ博物館づくり事業」では，ハンズ・オン手法を取り込んだ展示の導入が奨励され，視覚障害を考慮した触察展示の普及を促すこととなっている。

(2) 触察展示のガイドライン

物体の弁別において，触覚が重要な役割を果たすことは容易に想像できる。視覚に障害をもつ人にとって，触覚は最大の識別方法となる。ただし，各感覚器の情報量の比較でみると，一般的には触覚による情報量は視覚の1万分の1程度でしかないという。触覚的弁別はたやすいことではないのであり，触察の効果を高めるためにはその過程にいくつかの条件が必要となる。

さわる手については，1本の指よりも複数，さらに両手で同時にさわった方が弁別に有利となり，さわったりたどったりする回数も，数が多くなればなるほど弁別を容易にする。そして，手の掌で滑るように動かしたり，指先で掃くように動かしたり，摑むようにして動かしたり，摑んだり握ったりして自由にさわると弁別の認知度が高く，手や指を一定にして動かさないでさわる場合の弁別認知は難しいとされる[8]。したがって，展示資料の理解を深めるには限定的な接触方法をとるのは効果が低く，資料は可能なかぎり自由に扱って触覚を発揮させることが望ましい。

その場合，展示資料は破損しにくく，万一破損しても修復が比較的容易で，観察者にとって安全性の高いものでなければならない。だからといって，触察資料を抽出することを博物館側は躊躇すべきではなかろう。すべての資料はそれぞれ固有の価値をもっており優劣はないが，保存や将来の研究に寄与する価値にも増して，多くの人たちがさわって理解する学習への寄与に大きな価値を

見いだせる資料は少なくない。資料にさわることは、視覚に障害をもつ人にのみ意義のあることではなく、すべての博物館利用者にとって資料の理解を深めるための効果は高い。先に紹介したギャラリー・TOMでは、手を洗い、指輪や時計などをはずして彫刻作品にさわりながら鑑賞するスタイルが、すべての入館者に提供されている。

　触察展示では、視覚障害に対応して、点字のキャプションや解説パネルの設置が適切な措置である。ただし、それらは視覚に障害のある人を対象とした全体動線のなかで、計画的に配置されねばならない。現状をみると、介助者がいなければ触察資料や点字解説を探すことのできないのがほとんどである。視覚に障害のある人が単独で博物館を訪れることは現実的には皆無に等しいが、その準備を整えることは怠るべきではない。単独での来館を望んでいるが、環境が整っていないために行動できないという声も聞かれる。

　また、触察展示や点字キャプションなどを多用する場合、展示部分やその周囲の危険性を取り除くことに注意を払うことは大切である。とくに視覚に重い障害をもつ人は、展示資料や解説パネルの在り処を手で探ることとなるため、近くに熱を帯びた照明器具や表面がざらついた壁などがあると、火傷や擦過傷などの事故が起きてしまう。いずれの利用者に対しても、安全性の配慮を欠くことがあってはならない。

　さらに、施設や展示全体の点字案内パンフレットを備えるのも必要な措置である。近年ではパソコンを使用した点字変換ソフトが開発されており、点訳した文書は障害者交流センターなどに配備された点字プリンタを利用して印刷することが可能となっている。点字文章の作成は決して簡単な作業ではないが、点訳のボランティア組織が多く活動しており、協力関係を築いて作成することは有効な手段である。同時に、弱視者用の大きい墨字のパンフレットも配備が望まれる (**写真8**)。

　音声によるガイド機器を用いる場合は、任意な操作が可能で、本人だけの耳に届くヘッドホーンやイヤホーンによる方法が適切であろう。その方が利用者は周囲へ気兼ねすることなく使用できる。しかし、ヘッドホーンは耳を塞いで

写真8 点字と弱視者用墨字の展示解説パンフレット
(上段中央:点字パンフレット,上段右・左:点字と弱視者用墨字の併用パンフレット,下段:弱視者用墨字パンフレット)

しまうため周囲の声や音が聴きにくくなり,不都合の生じる場合がある。宮崎県立西都原考古博物館(西都市)ではその不便さに配慮して,小型スピーカーを両肩に配したジャケット型の機器が考案されている。そして音声ガイドでは,展示資料の解説だけでなく,館内の移動を容易にするための動線についての説明も考慮すべきである。

このように,触察展示の解説には点字や音声ガイドなどがあるが,より親切なのは人による対応で,障害を正しく理解するとともに障害をもつ人に共感でき,適切な接し方を心得たスタッフの配置が最良と思われる。

なお,近年の博物館では,体験学習室のような能動的な部門の設置が増えている。視覚に障害をもつ人も大いに利用できるところである。しかし,点字による説明や指導員の配置といった対応が少ないため,障害をもつ人の利用があまり進んでいない。触察が十分に生かされる場であるため,だれもが活用できることに向けて今後の配慮が必要と思われる。

(3) 見る展示の改善

障害をもつ人たちに対応する展示は主として触察の方法から始まったが,近年では多様な方向からの取り組みがおこなわれつつある。

例えば,山梨県立科学館(甲府市)ではプラネタリウムの番組に視覚障害に対

応した副音声を導入し，合わせて点字解説シートや星の点図で星空の理解を促すプログラムが，2007（平成19）年から実施されている。ドームに投影された視覚情報を補う副音声は利用希望者に貸与された音声プレーヤーで流され，点字シートと触知図とで一式を構成する。さらには，FMトランスミッターを利用した生副音声も試みられている。宇宙はどんな人間からもほとんど見えない世界であり，目で見えるか否かにかかわらず，想像する土台は同じとの発想から制作された番組は，視覚に障害をもつ人やそうでない人も等しく学び楽しめるものとなっており，高く評価される。番組の音訳や点訳はライトハウス盲人福祉センターのボランティアの協力を得て，これに視覚障害をもつ人の意見を取り込みながら制作されている。

　障害をもつ人に共感する意欲的なスタッフが中心となって，各方面と協力・連携することにより，有意義な改善が進んでいくのである。

　また，聴覚障害への対応として，映像解説展示への字幕の付記が進められている。とくに音声・映像が主となるプラネタリウムでの導入が顕著である。字幕投影の実践は聴覚に障害をもつ人に限らず，番組の内容をより鮮明に印象付ける効果を多くの人に生み出している。プラネタリウム以外では，三鷹の森ジブリ美術館（東京都三鷹市）は映像展示室でオリジナル短編映画が毎時3回上映されており，そのうち1回は字幕付の作品である。ここでは音声補助イヤホン（赤外線ループ）の貸出しがあり，難聴の来館者にも配慮されている。

　ほかに，仙台市天文台（宮城県）のプラネタリウムでは字幕とともに手話を加えた投影が試みられていた。光の演出が内容に大きく影響するプラネタリウムに，鮮明な手話の映像を組み込むことは相反する作用をともなうが，両者のバランスを図りながらの実践であった。

　映像への手話の取り込みは神奈川県立生命の星・地球博物館のエントランスホールでの導入解説にもみられる。館の入口で流される手話と字幕が付された映像からは，聴覚障害をもつ人も積極的に受け入れようとする博物館の強いメッセージが伝わってくる。また，大阪人権博物館（大阪市）では，館の要所に点在する映像展示の視聴方法に，日本語・英語・中国語・朝鮮語とともに手話

の選択肢があり，字幕を合わせた手話で解説された映像をみることができる。

ところで聴覚障害の場合，音声機器による解説は墨字の解説のパネルやシートを配備することによって補うことは可能となるが，解説員が配備された展示ではその応答に困難が生じる。こうした場合は手話による対話方法を取り入れるとよいが，成人期以降に聴覚障害を負った人を中心に，手話を使えないことが少なくない。時間はかかってしまうが，筆記対話による対応が効果を生むようである。

そして聴覚障害のなかでも難聴の人に対しては，補聴器の聞こえをよくするための磁気誘導ループ装置の配備を考慮する必要がある。ループ装置のある部屋では補聴器の雑音が大幅に解消し，スピーカーをとおした音だけがきれいに聴こえるようになる。現在では会議場や劇場などでの設置が進んでいる。なお，聴覚障害に対する博物館の採用すべき対応については，山本哲也氏の詳細な検討と考察が示唆に富む[9]。

一方，新潟県立歴史博物館（長岡市）では，従来まったく配慮されていなかった色覚障害（色盲・色弱）への対応に着目し，常設展示室をはじめとした館内のグラフィックパネルやサインの総点検が2004（平成16）年に実施され，使用の色の見直しや明度差の工夫などによる改善が進められている[10]。カラーのグラフィック情報を多用する博物館にとって，今後の指針となる意欲的な挑戦といえよう。

しかし，このような見る展示に対する改善への行動は，今日でもわずかでしかない。今後の取り組みの拡大や，新たな手法の開発が急務である。

(4) 障害をテーマにした展示

障害をもつ人と博物館を近づけるために，障害や，障害をもつ人にかかわる内容をテーマとした展示についても取り組みがおこなわれている。嚆矢となるのは1988（昭和63）年開館の大阪人権博物館で，人権をおかす差別問題と向き合う常設展示において，"差別を受けている人の主張と活動"のコーナーに"障害者"のブースが設けられた。ここでは"社会に生きる"と"共に生き，共に育つ"をテーマとした展示から，社会の価値観や人間のあり方への課題が提起

され，障害をもつ人たちの自立生活運動をとおして人権のもつ意味が問われている。1994（平成6）年開館の堺市立平和と人権資料館（大阪府）でも同様の趣旨の展示がみられる。

　また，彦根城博物館（滋賀県彦根市）では，1996（平成8）年に人権学習のテーマ展として"歴史の中の障害者─盲人のあゆみ─"が開催された。視覚障害に視点を置いたはじめての企画展と思われる。その後，2002（平成14）年に大阪人権博物館で特別展"障害者でええやんか！"が開催された。1970年代を中心に展開された"障害者運動"をテーマとして，障害をもつ人たちの主体的な取り組みや主張を表現した展示である。この特別展では"障害者運動"を担ってきた当事者が展示プロジェクト委員に加わり，展示構成や表現などさまざまな点で協議し共同で準備されたという[11]。展示をとおして障害をもつ人の切実な主張に向き合い，その生活空間の再現などから日常の思いにもふれることは，生きている人間同士としての関係だけでなく，彼らと博物館との協力関係を構築する契機となるものと評価されよう。

　ほかに，障害にかかわることがらをテーマに掲げた企画展の開催が広まってきている。2003～05（平成15～17）年にかけて"世界のバリアフリー絵本展"がこども童話館（大分県湯布院町）や新潟県立歴史博物館，ふるさとわらべ館（福岡県上陽町）などで巡回展示され，2006（平成18）年には国立民族学博物館（大阪府吹田市）で触察の可能性を主題とした"さわる文字，さわる世界"が開催された。また，日本新聞博物館（神奈川県横浜市）では，2004（平成16）年に点字新聞である『点字毎日』の歴史を顕彰した"点字毎日展"が，2007（平成19）年には盲学校の生徒たちが自分の好きなものをテーマに撮影した写真展"Kids Photographers 子どもは天才！"がおこなわれた。これらの企画展は視覚障害をもつ人を博物館に呼び込む直接的な効果をもたらし，さらにその理念を多くの人たちにひろめる場となっている[12]。

（5）ワークショップや普及活動の改善

　展示以外のワークショップや普及活動などでも，各種の障害をもつ人へのアプローチが進みつつある。比較的多くで実践されているのは手話の展示ガイド

ツアーで，おもにボランティアや学芸員が担当して開催されている。聴覚に障害のある人と博物館とのコミュニケーションを高める効果は大きい。一方，静岡県立美術館（静岡市）では視覚に障害をもつ人を対象に，ブロンズ彫刻作品へのタッチ・ツアーのプログラムが準備されている。

　また，兵庫県立人と自然の博物館（三田市）では，身近な自然を活用した小・中学生対象のミュージアム・スクールの授業内容をもとに，多方面での活用を意図して制作されている博物館テキスト『子ども自然教室』において，肢体不自由や視覚障害，発達障害などの児童・生徒にも対応した内容への改訂が試みられつつある[13]。すべての人に配慮がなされ，安心かつ安全に博物館学習をサポートするテキストは理想的で，すべてを充足させるのはなかなか難しいことではあろうが，少しずつでも解決していこうとする姿勢は他を牽引するもので，意義深い取り組みと思われる。

　ほかにも，茨木市立川端康成文学館（大阪府）では川端作品と彼に関係する作品の点訳と音訳が進められ，閲覧や貸出しに充てられている。点・音訳の作品は現在100点近くを数える。同様の活動は大阪府立国際児童文学館（吹田市）などでも推進されている。文学館は対象とする主題の性格上，触察で理解に導く展示は成立し難い。そのため，視覚に障害をもつ人たちにはかかわりの希薄な場となっているが，関係する作品の点訳や音訳の推進によって，文学館が彼らにも積極的に利用できる場へと高まることとなり，意義深い活動といえよう。

　さらに，アウトリーチの一環として，特別支援学校や障害者福祉施設などへ移動展示や出前講座を実施する例が増えている。プログラムは触察や体験が中心となるため，実施担当者に障害のある人への理解や共感が深ければ，きわめて有意義な活動となるであろう。

註
1）　加藤俊和・山本宗雄「1.2 手で読む図の特性」『点字図書用図表の作成技法研修会—手で読む図表の作り方（初歩から実践まで）—』筑波技術大学障害者高等教育研究支援センター 2007
2）　山本哲也「博物館のバリアフリー計画」『國學院大學博物館學紀要』第21輯　國學院大學

博物館学研究室　1997
3)　濱田隆士・奥野花代子「ユニバーサル・ミュージアムをめざして―神奈川県生命の星・地球博物館の取り組みとトーキングサイン・ガイドシステムの開発・導入について―」『神奈川県立博物館研究報告（自然科学）』第29号　2000
4)　鳥山由子「「博物館における障害者対応に関する調査」結果」『誰にもやさしい博物館づくり事業　バリアフリーのために』博物館の望ましい姿シリーズ4　日本博物館協会　2005
5)　社団法人日本博物館協会『全国博物館総覧』ぎょうせい，1994年9月の時点による。
6)　「平成28年度 博物館入館者数」『博物館研究』Vol.53 No.4　日本博物館協会　2018
7)　青木豊「現代博物館再考」『博物館學紀要』第19輯　國學院大學博物館学研究室　1995
8)　原田政美・田中農夫男『視覚欠陥児』明治図書　1966
9)　山本哲也「聴覚しょうがい者と博物館」『博物館學雑誌』第25巻第2号　全日本博物館学会　2000
10)　山本哲也「⑨色覚バリアフリーの点検と改善への試み」『誰にもやさしい博物館づくり事業　バリアフリーのために』博物館の望ましい姿シリーズ7　日本博物館協会　2006
11)　松永真純「障害者の主体性を展示することの意味」『障害者でええやんか！　変革のとき―新しい自立観・人間観の創造を』大阪人権博物館　2002
12)　国立民族学博物館で開催された"さわる文字，さわる世界"の成果は，広瀬浩二郎「企画展「さわる文字，さわる世界」の趣旨をめぐって―"つくる力"と"ひらく心"を育むために」『だれもが楽しめるユニバーサル・ミュージアム』読売工房　2007，に詳しい。
13)　三谷雅純「博物館テキスト「子ども自然教室」のユニバーサル化の課題」『だれもが楽しめるユニバーサル・ミュージアム』読売工房　2007

第6章　視覚型から知覚型の展示へ

　これまで述べてきたように，博物館は公教育と娯楽，研究を目的とするものであり，このうち近代以降の博物館が市民社会に定着してきた最大の存在意義は教育的役割である。そして，今日の生涯学習に対しての役割を果たすべき博物館の基本的な姿は，収集した作品や資料をあらゆる市民に公開し，その情報や内在する魅力，さらに派生するさまざまな課題をより正確に伝えることと考えられる。そのための主要な手段が展示である。前章でもみたように，今日の展示スタイルは作品や資料を単に見せるだけでなく，多様化してきている。しかし，それらの展示スタイルにおいても，作品や資料の情報や魅力を伝えることに，十分に機能しているとは言い難いように思われる。

　本章では，展示の目的をあらためて考え，今後の博物館展示のあり方について，視覚型展示から知覚型展示へという視点から検討したい。

1　博物館展示の目的とあり方

　博物館の主要な機能には，調査・研究，収集・保存，公開・学習支援がある。生涯学習の拠点としての博物館では，これら諸機能をとおしての教育的役割の明確化が必須となっており，その中核をなす公開，すなわち展示の重要性は一段と増している。

(1) 展示の目的

　博物館における資料の展示は，現在，視覚に対してだけはたらきかける形態が中心である。音響装置などを用いて，別の感覚へも補足的に情報を提供する例が少なくはないものの，資料自体の情報は視覚によらなければ得られない場合が圧倒的に多い。

　わが国では博物館が保持する教育機能について，その模索期に示された棚橋

源太郎氏の考え方に代表されるように，"視覚教育の場"として永く位置づけられてきた[1]。これによって博物館展示の重要性がみとめられるところとなり，見せるための多くの工夫が凝らされ，博物館は市民の間に浸透していくこととなった。しかし反面，展示は作品や資料を見せることで成り立つものと捉えられ，視覚にうったえる方法以外の対応が考慮されることは少なかったように看取される。

博物館展示の目的においてその根底をなすのは，作品や資料に内在するさまざまな情報や魅力を，博物館利用者に対して正確に伝えることだといえよう。作品や資料の実態を認識することにより，それらを深く理解し，あるいは感動や共感を得ることができるのである。つまり展示の目的は，作品や資料の実態を認識してもらうことを基本とし，そのうえで多くの作品や資料によって構成されたストーリーから，博物館側の主張の理解を図ることに求められる。このためには，展示した作品や資料の情報をできるだけ多く，なおかつ正確に伝えねばならない。

博物館に収蔵されている作品や資料は，人々の暮らしのなかで創造され，使われ，あるいは愛でられていたものがほとんどである。人々は多様な感覚を使って生活しており，暮らしのなかで生み出された作品や資料を，展示において博物館利用者が深く理解しようとするならば，あらゆる感覚を駆使しなければ実像を十分に把握することは難しい。その場合，視覚から得られる情報はきわめて限定されたものでしかない。

したがって，博物館利用者が展示作品や資料の実態を真に認識・把握するためには，視覚にアプローチするだけでなく，多角的な手段が施されねばならないのである。展示された作品や資料の本質は，目に見える部分だけに存在するわけではない。むしろ視覚では捉えられない部分に，本質のあることの方が多い。そのような本質を把握するためには，聴覚や嗅覚などのあらゆる感覚が必要とされよう。とりわけ資料や作品にさわることは，実態を認識するためのきわめて有効な手段だといえる。

歴史・民俗などの人文系の博物館では，展示物の主体を占める各種の生活用

具や道具類の多くは，使われることにその本質があったものである。使用に適った工夫が凝らされた用具や道具は，さわることができなければ，博物館利用者の得る情報は本質に直接迫れない偏向的なものでしかない。科学技術や自然史といった理工系の博物館でも，さわることでわかる状態や質感は，視覚によって得られる情報に優るとも劣らないであろう。

これに対して美術館では，絵画・版画・書などは鑑賞を目的とした作品であるため，実物をさわることに意義は求めにくい。けれども，造形作品はさわることで認識が格段に深まり，とくに陶芸や木・金工芸などの生活用具の類は，やはり手でさわってこそ作品の実態と魅力に迫れるものであろう。

(2) 視覚型展示からの脱却

今日では，限定された作品や資料ではあるが，見るだけではなく手でさわったり，音を聞いたり，身体で体験できたりすることのできる展示を，"体験展示"や"参加型展示"，"ハンズ・オン展示"などの一環と位置づけて配置する例が多くなってきた。2004（平成16）年に日本博物館協会が実施した全国アンケート調査によると，視覚以外の方法でアプローチできる展示は43.8％の博物館園で用意されており，このうちもっとも多いのはさわる展示で，視覚以外の展示の33.8％を占めている[2]。

この7年前になるが，奥野花代子氏の実施された1997（平成9）年のアンケート調査では，さわれる展示を設けている博物館園は自然史系で約53％，人文系で約35％であった[3]。その間，文部科学省の「親しむ博物館づくり事業」が1999（平成11）年から3か年にわたって実施され，"ハンズ・オン展示"などの導入も奨励されていた。しかし，視覚型以外の方法による展示の設定は，現在でも以前よりあまり進んでいないことが，両者の調査の比較から読みとれる。

ところで，"体験展示""参加型展示""ハンズ・オン展示"の捉え方はかなり多様である。"体験展示"の提唱・実践は比較的古く，1980年代の初めころからスタートする。その趣旨は，作品や資料を身体全体で捉える体験をとおして感受や理解に導こうとする展示である[4]。しかし，感覚的なイメージが先行して理念が曖昧となり，現在ではスタイルや方法に共通の認識がないように見

受けられる。"参加型展示"も"体験展示"と同様に能動的な展示と理解されるが、その捉え方はかなり不統一で、観覧者が展示資料の情報を獲得するために装置を作動させることを参加とする場合や、また展示室内でのワークショップの開催を展示参加と位置づけるなど、さまざまである。

"ハンズ・オン展示"については、アメリカにおける子どもの博物館での活動が紹介され[5]、日本の各種の博物館で導入されるようになってきた。その意図は、観覧者が展示資料にさわって動かし試すなど実践することにより、自ら発見する機会を提供する展示形態と理解される。わが国のハンズ・オン展示の推進者である染川香澄氏は、このスタイルが物理的にさわることを意味するだけでなく、その行為をおこなう間に考える時間が生じ、知的な思いを沸き立たせる学びを誘発する仕掛けであることを強調されている[6]。しかし、その内容は体験展示などと同じように、現状では感覚的なイメージでしか捉えられていない場合が多いようである。学習効果への配慮や工夫はあまり考慮されておらず、ハンズ・オンの名称から、作品や資料にさわれることにのみ力点がおかれている例が少なくない。

このように、"体験展示"や"参加型展示"、"ハンズ・オン展示"は、定義や概念の明確な共通認識が得られておらず、その点でいずれもまだ模索の段階といえよう。そのうえ、参加型やハンズ・オンを展示形態から拡大解釈し、博物館活動全体をとおした手段とする捉え方も生まれてきている[7]。したがって、これらはますます捉えどころのない漠然としたものになっているのである。

いずれにしろ、視覚型に限定されていた展示形態からの脱却は、今日1つの方向性としてみとめられる。とくに、さわることができる展示の増加は、先に示したハートビル法の施行や「障害者プラン」の決定などを契機とした、博物館におけるバリアフリー対応も一因となっている。点字の解説が添えられ、視覚に障害をもつ人への展示方法として導入されている場合が多い。しかし、さわれる展示における博物館利用者の動態を観察すると、障害をもつ人にかぎらず、ほとんどの人たちが躊躇しながらも展示物にさわっていく。作品や資料をより身近に受けとめ、好奇心を満たし、そして理解を深めるため、すべての博

物館利用者がそれにさわることを望んでいるあかしといえよう。

したがって，博物館が展示において目的を十分に果たそうとするならば，"視覚教育の場"と限定した捉え方はその遂行を自ら妨げるものであり，博物館の役割をも否定することになるであろう。そこで，視覚という1つの感覚だけを媒介とするのではなく，視覚，触覚，聴覚，嗅覚，味覚など，各種の感覚に対し多角的・複合的にはたらきかけることにより，資料や作品を正確により深く把握し，さらには展示目的の理解に導く展示方法が考慮されねばならない。

もちろん，このような展示は障害をもつ人たちのために特別に設けるのではなく，あらゆる博物館利用者が作品や資料を理解するための方法として位置づけられるべきものである。展示にさわるのが目的なのではなく，知って理解することが目的なのであるから，障害の有無はまったく関係がない。けれども，だれもが各種の感覚を駆使できる展示は，障害をもつ人たちも参加できる展示となるはずである。それが博物館におけるユニバーサルサービスの展示スタイルであり，ここでは"知覚型展示"として捉えることとしたい。

2　視覚認識と知覚認識

展示された作品や資料の実態を認識しようとする際に，各種の感覚が活用できるならば，見るだけよりも察知力や理解度が高まることは推察されるが，視覚だけで認識する場合と，各種の感覚を駆使して認識する場合とではどのような違いが生じるのであろうか。

(1) 資料観察の比較

作品や資料の認識において，視覚だけによる観察の理解度と，視覚・聴覚・触覚・嗅覚・味覚などの各種感覚を複合させた（ここでは広く知覚として捉える）場合の理解度との違いを把握するために，和洋女子大学文化資料館で実験観察をおこなった。

被験者は21名の学生で，観察対象の博物館資料は民俗・考古・歴史資料，および陶芸作品の合計32点を選んだ。資料の選択では，さわったり動かしたりすることで，著しく損傷・劣化する恐れがあるものは避けた。

実験方法は，被験者が a〜f の6グループに分かれ，はじめに，展示された状態にある資料を視覚だけによって15分間観察し，認識した所見をまとめた。その後，可動資料は触察のための台上に移し，非可動の資料はその場所のままで，各種の感覚を複合的に駆使した15分間の知覚観察の後，所見を記した。なお，資料は，被験者がその内容について既得の知識がほとんどないものとなるように分担した。また，触察は素手でおこなうこととし，被験者は事前に手を洗い，時計・指輪・イヤリング・ペンダントなど，さわったり身体を寄せたりしたときに，資料に損傷を与えるかもしれない装身具類は外しておいた。

　実験観察により得られた所見をまとめると，以下のようになる。

a グループ （被験者5名）	
観察資料＝郷土玩具：犬張り子・赤ベコ・信仰土鈴12種	
視覚観察の所見	知覚観察の所見
・犬張り子と赤ベコの色合いがとても鮮やかで，きれいだと思った。また，両者とも重量感がありそうで，全体の丸みから，やさしさを感じた。	・犬張り子と赤ベコの足の裏やお腹など，隅々まで見られて満足した。また，見かけと違いとても軽く，手作業による丁寧な作りがわかってあたたかさが伝わり，古めかしいにおいから古民家を連想した。
・赤ベコは首が動くようだが，見ているだけではもどかしさを感じた。	・赤ベコの首が軽快に揺れるのがとてもおもしろく，親密感がわいた。
・土鈴の大きさはさまざまで，単色から多彩な色遣いのものがあり，手ざわりはどれも滑らかな感じがした。粘土が材料なのであろうが，色が塗られているために，どれも石でできているように見えた。	・重そうに見えた土鈴が軽く，滑らかそうだった表面が実際はざらついており，大きな音で鳴りそうな形のものがほとんど鳴らないなど，意外であった。
・土鈴は音があまり響かないような形や，鳴らすには重そうな感じのものがあるが，見るだけで鳴らせないのは，その魅力に迫れていないと思った。	・土鈴の音いろはさまざまだということがわかり，さわって鳴らすことでいっそう関心が高まり，さらに音からそのイメージがより広がった。

b グループ （被験者2名）	
観察資料＝郷土玩具：ずぽんぽ・とんだりはねたり・ゆびハブ・米食いねずみ	
視覚観察の所見	知覚観察の所見
・虎のような模様がある紙製品の"ずぽんぽ"は前に傾き，後方から風を送ると進むように見えた。	・"ずぽんぽ"は和紙を組み合わせて作られており，風を送ると足につく蜆がおもりの役目をして，徐々に進む。実際に動かすと，仕掛けがよくわかった。

視覚観察の所見	知覚観察の所見
・"とんだりはねたり"は竹の上に粘土で作られたうさぎが乗っており,竹の下にある棒を引っ張ると何か起こる仕掛けだと思われるが,動かせないのがもどかしかった。 ・"ゆびハブ"は植物の葉で編まれ,口のようなものがついているが,見て説明を読むだけでは遊び方が理解できなかった。 ・"米食いねずみ"は,首と尾が動いて皿の中の何かを食べる仕組みのようだが,どのような動きをするのか疑問に思った。	・"とんだりはねたり"は意外に軽く,棒を半転させると身体が一回転し,音も鳴ることがわかった。 ・"ゆびハブ"は,口から入れた指を,編まれた葉がひきしまって抜けなくする仕掛けで,驚きがあって楽しい。葉のにおいは,人々の素朴な暮らしぶりを連想させた。 ・"米食いねずみ"は,仕掛けの竹を押すと,皿の中にねずみの顔が入るのがかわいい。針金に見えた足が実際は糸で,竹の弾力性によってぴんと張られていたため,針金と見間違えていた。

c グループ (被験者4名)	
観察資料=考古:石鏃3種・磨製石斧(縄文時代)	
視覚観察の所見	知覚観察の所見
・石鏃は光沢のあるものがあり,どれも軽そうに見えた。また,小さくて簡単に割れそうな薄さなので,本当に獲物を射止めることができるのか疑問に思った。 ・磨製石斧は表面が滑らかで重そうであった。また,刃の部分は丸みがあり切れ味が悪そうで,落としたり硬いものを叩いたりしたら,割れてしまいそうな感じがした。	・石鏃の光沢の有無は石材の違いで,見たとおり全体的に刃は鋭かったが,とくに先端部は痛いほど尖らせてあり,小さいけれども獲物を射止める威力は十分なことがわかった。また,刃はとても鋭く,さわるときには注意深くしなければならなかった。 ・磨製石斧は頑丈でかなり重く,この重さで叩き切っていたと思われ,刃部に斜めの擦れた痕が幾筋も入っており,使用状態が観察できた。さわり心地も良く,人の作った道具だと実感できた。

d グループ (被験者2名)	
観察資料=考古:土師器甕・土師器坏・土師器高台付坏・布目瓦4種(奈良～平安時代)	
視覚観察の所見	知覚観察の所見
・甕は煮炊きに使われていたためか,下の部分にススが付いており,表面はざらついているようで,大きいことから重いように見えた。けれども作りは薄く,火のとおりが良さそうであった。 ・坏は形が不安定に見えることから使いにくそうで,そのうえ表面がざらついているように感じられ,きっと手ざわりは悪いだろうと思った。また全体的に黒ずんでおり,かなり堅そうに感じられた。	・甕は軽くて運びやすいが,あまり頑丈ではなかった。手にすると意外に形が整っておらず,手作りの味わいがあった。 ・坏は案外に安定感があり,肌ざわりも良くて,手に馴染みやすいのに驚いた。熱湯消毒後,実際にお湯を飲んでみたところ,口当たりが柔らかく飲みやすかったが,冷めると土器の土臭さが強く,飲みづらくなった。古代人と一体化したようで,とても感激した。

・瓦の軒先の模様は仏教的な雰囲気が感じられて美しく、とても立体的に感じられた。 ・瓦はどれも厚く重そうで実用には不向きに見え、それぞれ色が異なり、同じ屋根を飾っていたとすると、アンバランスではなかったかと思った。	・瓦の文様をさわっているとその立体感がいっそう伝わり、製作者の気持ちも感じられるような気がした。 ・瓦は想像以上に重く、強くさわっていると瓦の表面が少し剥ぎ落ちて驚いたが、資料を大切にしなければという心遣いが生まれたように思う。

eグループ（被験者3名）	
観察資料＝歴史：駕籠（江戸時代末期～明治時代初期）	
視覚観察の所見	知覚観察の所見
・木と藁で作られており、人が乗るには小さめで、乗り手の体重で壊れてしまいそうに見えた。乗り心地は不安定で悪そうに感じられた。 ・風通しは良さそうだが、冬は寒く、雨漏りもするのではないかと思われた。また、2人で運ぶには重そうだと思った。	・駕籠の中も観察でき、想像以上に広く、乗り心地を良くするためのさまざまな工夫のあることがわかった。 ・持ち上げるとかなり重くてバランスをとるのが難しく、担ぎ手の大変さを痛感した。担ぎ棒は収納が考慮され、取り外しができるようになっていた。 ・担ぎ棒がささくれていたため、トゲが刺さりそうになった。観察者への安全策が必要だと思った。

fグループ（被験者3名）	
観察資料＝陶芸：素三彩瑞果文盤（清朝）・伊万里赤絵亀甲花文鉢（江戸時代中期）	
視覚観察の所見	知覚観察の所見
・素三彩瑞果文盤は浅めの皿で、光沢はあまりないが、つややかな感じを受けた。内外面にびっしりと模様が描かれ、下地には雲と龍が彫り込まれており、その上に茶、黄、緑で描写された植物があった。植物は3つの状態があり、実がなって、熟して少し開き、全開する、という過程を表すようにみられた。 ・伊万里赤絵亀甲花文鉢は深めの鉢で、光沢が強く全体に丸みを帯びていた。彩りは白地に赤、藍、緑、金が使われ、統一感があって美しい。模様は波間の魚、鳥、菊、桃、梅花などが、縁どりも丁寧に細かく描かれていた。また、部分的に金の補修があった。	・素三彩瑞果文盤は意外に薄手で、よくさわると龍のほかにも、月のような形がいくつも彫り込まれているのがわかった。顔料の部分は少し盛り上がっており、つややかな外見だがさわると凹凸が気になり、手になじみにくい。裏面には年号が書かれていた。 ・伊万里赤絵亀甲花文鉢は中ほどにわずかな段があり、そのため持った際に掌に密着する感じがして、とても手になじみやすいことがわかった。表面は白地と絵付けの部分とでは手ざわりが違い、現代の日常の器とは異なっていると思った。そっと叩くと高い音がして、響きが心地良かった。

(2) 知覚観察の効果

以上の実験観察から、視覚だけによる資料観察と、知覚、すなわち各種の感

覚を用いたそれとでは，作品・資料を理解しようとする観点やその認識の幅に，著しい違いが看取できる。

まず，視覚だけによる観察の場合，形態，大きさ，色や模様などの観点をもとに，観察者は作品や資料の理解に努めている。これらの特徴から得られる情報は決して少なくはないが，形態，大きさ，色や模様以外の部分に本質の多くが内在する資料では，これについて想像することしかできない。そのため感覚的に漠然とした捉え方となる傾向が強く，作品や資料の真の実態に迫りきれないもどかしさから，フラストレーションを抱く被験者もみられた。

例えば，動かして遊ぶ玩具や使うための道具などに対しては，資料の楽しさや機能が十分に理解できないため，隔靴掻痒といった歯がゆさによる不満足を感じるようであった。そして，資料を詳細に見るにしたがい，重量や使い方，鳴るであろう音などについて，新たな疑問が生じることもみとめられた。そして見るだけでは，この疑問は解決できないのである。なお，視覚だけの観察では，設定した15分間を持て余している被験者が多かった。

一方，知覚による観察では，予測通りに作品や資料のより詳細な観察が可能となっている。見るだけでは判断できなかった重量や触感，音，においなどを知ることができたからである。しかも，これらの点は見かけと異なる場合が多く，資料に対する認識に大きな変化があらわれている。当然ながら，見るだけでは正確に理解できていなかったのである。

また，資料が音を発するものである場合，鳴らすことによって，観察者は資料自体やそれをとおしてのイメージを膨らませている。においも同様で，資料の理解を深めるとともに，生活や風景など，資料に潜む背景を呼び起こす効果を生み出すようである。ほかに，動かすことや使うことが目的である資料については，実際に作動させ使用して観察することで仕組みや実用性がわかり，理解が著しく深まっている。

さらに視覚観察においても，手に持ち，顔へ近づけることによって隅々まで観察でき，展示ケースに置かれた状態では気づかなかった事がらの発見が多くみられた。作品や資料を手に持つことは，視覚による観察力も高めている。す

なわち知覚型の展示は，視覚を中心として，補足的に触覚，聴覚，嗅覚への対応が図れることとなる。補足的にうったえるこれらの感覚のうち，多くの場合では触覚が重視される。さわるために作品や資料が展示ケースから出されることにより，同時にその音やにおいを知ることも可能となるのである。

　知覚の駆使は，観点が多角化して観察が深まるだけではない。手でさわり，音を聞き，においを嗅ぎ，使うことによって関心が高まり，親密感が増すようである。制作者や本来の使用者と同化することができた楽しさや喜びも，被験者の所見から伝わってくる。作品や資料からさまざまな情報を収集できたからであり，見るだけでは決して得られない感慨であろう。

　また，さわることによって資料の脆さがわかり，物を大切にする気持ちが生まれたとの感想があった。このような意識の芽生えこそ，人々が残してきたさまざまなモノの大切さを伝える博物館が，利用者にはたらきかけねばならないことと思われる。

　なお，知覚による観察の場合，設定した15分間では時間が足りないようであった。被験者のほとんどが最初はとまどっていたが，次第にいろいろなアクションを起こし，それによって関心がさらに増幅していくようで，熱中していった。各種の感覚をより駆使しようとするならば，短時間の観察では満足な成果を得ることはできない。

　このほかに，観察者の安全を保つために資料の危険性の除去が必要であるとの指摘は，各種感覚にうったえる展示に際しての大切な留意点である。

3　知覚型展示への転換

　知覚にうったえる展示は，先に記した"体験展示"や"参加型展示"，"ハンズ・オン展示"などの一部として増えつつある。主としてさわることに重点をおいた展示であり，点字によるキャプションが添えられ，視覚に障害をもつ人々への対応方法として導入されている場合が多い。現在実践されている知覚にうったえる展示は，展示動線における配置状況から3つの形態に分類できる。それらの実情を検討し，知覚型展示のあり方を探ってみよう。

(1) 動線内点在タイプ

　知覚にうったえる資料が，見ることで全体が成り立っている展示の動線上に点在する形態である。ほとんどは１点ないし数点のさわれる資料が置かれたもので，触察資料の配置状況からすると，展示計画のなかで当初から意図された例は少ないように観察される。多くは，視覚への対応しか考慮していない展示計画のもとで，配置された資料群のなかにさわっても損傷や劣化のほとんど生じない資料が折り良くあった場合，触察への対応が施されているようである。

　そこでの資料は剥製や鉱物・化石類に限られるといってよい。この場合，さわることが特定の資料をよく理解することに効果はあるが，展示の理解を深めることとはなり難い。主張が込められた展示にはストーリーがあり，ストーリーの軸となる一定量の資料についてよく知らなければ，展示の理解は深まらないのである。したがって，さわっても損傷や劣化が起こりにくいという基準だけで，展示ストーリーを考慮せずに選択した資料を対応させる方法は，観覧者の関心を多少は惹くであろうが，さわることの意義や効果はそれほどないように思われる。このような触察資料に点字のキャプションや解説を付し，視覚に障害をもつ人が察知できる展示としている例も多い。しかし，彼らには一部の資料について認識することはできても，展示のストーリーや主張を理解するのはとうてい不可能である。

　一方，複数の触察資料を動線上へ計画的に配置している例もみられる。これは視覚に障害をもつ人たちへの対応を意図したものが多い。例えば大阪市立自然史博物館の場合，５室ある展示室のうち"地球と生命の歴史"がテーマの第２展示室と"生命の進化"の第３展示室，さらに"大阪における人と自然の関わり"を示したホール展示の要所に触察資料が配置されている (**写真9**)。触察できる資料は鉱物・貝・樹木・化石の実物と，魚・恐竜足跡の模型などである。これらには点字のキャプションとともに，点字と弱視用墨字の解説パンフレットが用意されている。"自然と人間"という館全体の基本テーマのもと，各展示室にそれぞれテーマが設けられ，触察資料だけでも各テーマの理解にある程度迫れるような配分である。同様の配置形態は，おもに自然史系の博物館での

写真9　触察をもとにしたアンモナイトの展示
（手前が触察資料で，点字解説と一般用・児童用の
墨字解説が付されている：大阪市立自然史博物館）

実施が進んでいる。

　ほかに，歴史系博物館の大阪府立近つ飛鳥博物館（河南町）では，"近つ飛鳥と国際交流""古代国家の源流""現代科学と文化遺産"の3つのゾーンすべてに，ジオラマや実物資料の触察模型が数点ずつ置かれている（**写真10**）。触察模型は視覚に障害をもつ人への対応を目的としたもので，点字の解説が併設され，音声装置で説明を聴くこともできる。実物の触察資料は配されていないが，触察模型によって展示全体の流れの把握が可能となっている。

　また，聴覚にうったえることを目的とした音を発する資料については，展示動線上に1・2点程度のみ配置されているのがほとんどである。実施例はあまり多くない。歴史系博物館では梵鐘・鈴・笛・太鼓・銅鐸の音，自然史系博物館では動物・鳥・虫の声などがある。これらは利用者が直接鳴らして聴く場合や，録音されたものをボタン操作によって聴く仕組みのものなどがあり，展示のストーリーにアクセントを生み出しているように観察される。ただし，その効果は全体が見る展示の中において高いのである。点字の解説を添えて，視覚に障害のある人への対応方法としている例もみられるが，展示ストーリーがわからない状況では彼らを満足させるものには成りえていない。

3　知覚型展示への転換

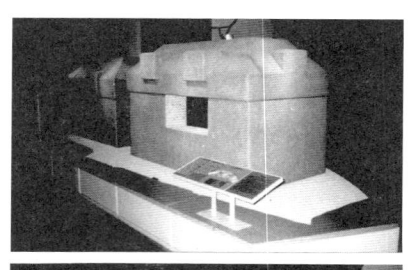

写真10 実物の石棺（上）に、立体レリーフと
点字解説のパネル（下）を組み合わせた展示
(大阪府立近つ飛鳥博物館)

　嗅覚にうったえることを目的とした資料はあまりみとめられないが、におい
を展示に取り入れる場合、海や森、草花といった自然界のにおいを漂わせる方
法がとられている（**写真11**）。個々の資料の理解を深める以上に、展示ストー
リーを浮き立たせるような演出面で効果が大きい。

(2) 独立集約タイプ

　各種感覚にうったえる資料を1か所に集めて展示する形態である。大方は触
察資料が中心で、視覚に障害をもつ人への対応を主たる目的とした場合が多い。

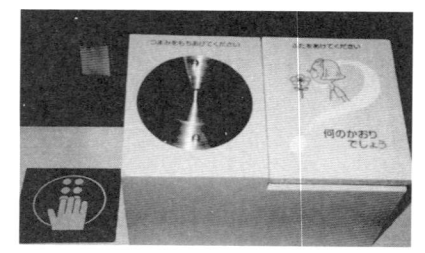

写真11　"におい"を取り入れた展示
(前方には森のジオラマがひろがっている：宮崎県立総合博物館)

第6章　視覚型から知覚型の展示へ

前章で紹介した名古屋市博物館の「触れてみる学習室」や和歌山県立自然博物館の「手でみる魚の国」はこの形態である。いずれも触察資料を配し，点字のキャプションや解説プレート，パンフレット，音声解説機器などが備えられている。自然史系の博物館に多いが，歴史系の江戸東京博物館（墨田区）でも常設展示室の一部に，15点程度の触察資料を集めた「手でみる展示」コーナーがある。資料は合貝貝桶のレプリカ，駕籠・人力車・自転車類と歴史的建造物の模型，浮世絵や江戸地形のレリーフなどで，受話器タイプの音声機器で"職の音"や"近代のしらべ"を聴く展示も併設されている。点字解説パネルと合わせて，江戸の町と近代東京の様子や暮らしぶりに接することができる。

また，静岡県立美術館（静岡市）では1ゾーンを構成しているロダン館において，約35点の彫刻作品のうち10点程度の触察が可能である。ただし作品保護の理由から，対象者は視覚に障害をもつ人に限られている。事前申請を必要とし，触察者への対応の研修をうけたボランティアが案内するシステムである。

さわることができる資料を1か所にまとめるこのような方法は，少数の個々の資料について深く知ることが可能となろう。しかし，展示全体のストーリーや，館の基本テーマに対する理解を深めることについては，かなり難しいように思われる。

一方，聴覚や嗅覚で観察する資料を1コーナーに集めた例もみられる。個人記念館である中山晋平記念館（長野県中野市）では，作曲家の晋平がつくったメロディーを聴くリスニングコーナーがある。ここでは音曲が資料であるため聴くことが最大の理解となり，展示のストーリーの核に位置づいている。同じように，楽器の専門博物館である浜松市楽器博物館（静岡県）では展示された各種の楽器を見ながら，その奏でる音色や曲をヘッドホンで聴くことができ，実際に演奏するコーナーも設けられている。"音"を奏でることに本質がある作品や資料の"音"を聴かせる。ごく当然の方法といえようが，そうした配慮をおこなう博物館は少ない。

嗅覚にうったえるコーナーをもつ博物館には，"香り"にテーマをしぼった磐田市香りの博物館（静岡県）がある。5つのブースからなる「香りの小部屋」

3　知覚型展示への転換

のコーナーでは，各ブースに設置された立体映像の画面に手を差し入れ，浮かび上がった風船にふれるとそれがはじけて香りがただよい，解説が流れるユニークな展示となっている。嗅覚を発揮させるだけで十分に理解でき楽しめる展示であるため，視覚に障害をもつ人への細やかな配慮が望まれる。

(3) 全館タイプ

　展示されたすべての作品や資料を，あらゆる感覚を使って察知できる形態である。前章で記したギャラリー・TOMは，作品のすべてをさわって観察できることからよく知られている。彫刻を中心とした造形作品を展示する小さな美術館で，視覚に障害のある人たちが自由に安心して，さわりながら美術作品と対話することがねらいである。視覚障害の有無にかかわらず，どのような人にも触察が許されており，展示ケースから開放された作品はさわりながら，いろいろな感覚での鑑賞が可能となっている。さらに，自然と環境を感じとって表現することを目的としたワークショップが継続的に開催され，館の姿勢が展示やワークショップをとおして一貫的である。私立の美術館であるため，近年では収益確保の切迫した命題に向き合いながら，視覚に障害をもつ人による美術鑑賞の目的を確保しつつ，新たな方向性の運営に取り組んでいる。

　また，大阪府営箕面公園昆虫館（箕面市）では，利用者の各感覚にうったえて，館のテーマの理解を図る展示がおこなわれている（**写真12**）。すべての実物資料にさわる方法ではなく，模型資料や音響・芳香装置を計画的に配置したやり方である。昆虫の立体レリーフにさわり，実際の鳴き声や羽音を聴き，さらに

写真12　さわり，聴き，嗅ぐ展示（大阪府営箕面公園昆虫館）

その匂いや生息する森林の香りを嗅ぐことから，全体テーマである昆虫に関する基礎的な知識や，箕面の森に生息する昆虫について知ることができる。多角的な体感による昆虫の理解は，実物を見るだけよりもはるかに深い。

この箕面公園昆虫館の展示は，障害をもつ人たちへの考慮から工夫されたものであり，彼らに対する設備や対応はすばらしく行き届いている。点字の概略説明やキャプションが各コーナーにあり，展示動線は手すりと床の誘導ブロックにより順序に沿ってすべてが結ばれているのである。貸し出されるオーディオガイドは，視覚に障害をもつ人のことを考えた展示の解説だけでなく，彼らを安全に誘導する内容にもなっている。展示室内はとても明るく，その中でもスポットライトにより照度の演出の工夫がみられ，キャプションや解説の文字は弱視者へも配慮されており大きい。さらに通路は幅広く平滑で，展示の視線が低く，展示台は下が空いたテーブル状になっており，車いすでの利用も不便は感じられない。

このような，障害をもつ人々に対する考慮から工夫されたギャラリー・TOMや箕面公園昆虫館の展示は，障害をもたない人々にとっても理解度の高い展示となっている。言いかえれば，各種感覚を使った理解度の高い展示に，障害をもつ人が必要とする設備などのハード面を整えるならば，すべての人が満足を享受できる博物館が実現するのである。

(4) 知覚型展示の展望

1998（平成10）年3月に開館したかみつけの里博物館（群馬県高崎市）では，展示室の入口に利用者へのメッセージが次のように掲げられている。

>「この博物館では，展示物をガラスケースの中に入れることをできるだけやめました。みなさんが，模型や埴輪などをすぐ近くで見れるようにしたいからです……」。

展示のいっそう深い理解を求めて，資料と利用者との間の障壁を，物理的にも心理的にも取り除こうとするこのような姿勢は，近年では多くの博物館でとられる傾向にある。そのなかで，障壁を取り除く姿勢を実現するための展示方法に，2つの方向性がみとめられる。第1は，資料を閉ざされたケースから出

した展示方法により実現を図るが，主としてその保護の点から利用者に作品や資料をさわらせないことを前提としている。第2は，作品や資料の保護を考えながらも，それにさわることをできるだけ可能にしようとする方向である。

　前者は，隔離された展示ケースという物理的障壁からは解放されるものの，あくまでも"見る"ことが大部分の比重を占める方法であることには変わりない。そこでは，劣化の心配や安全性の問題がほとんどない作品や資料であってもさわらせない例が多く，展示は見るものとする固定観念にしばられているように思われる。後者では，先の実験結果からわかるように，作品や資料に対する観察力が高まるとともに，関心や親密感が増し，心理的な障壁も薄れるのである。また，視覚などに障害をもつ人たちをも排除することのない展示への糸口となりうる。

　したがって，展示の作品や資料と利用者の親密度が増し，展示がこれまでより深く理解されるためには，資料をケースから解放するだけでなく，後者のように資料にさわることから工夫した展示を推進するのが望ましい。さわることは他の感覚を併用することにもなり，知覚型の展示が実現するのである。

　それでは，知覚型展示はどのような方法で実践されるのがよいのであろうか。まず，知覚観察ができる作品・資料の数と，全体での配置のあり方を考慮しなければならない。視覚に障害をもつ人たちのハンドリング・セッションの実践者であるジュリア・カセム（Julia Cassim）氏は，美術館でのさわる鑑賞には強い集中力を要し，疲労度が激しくなるため，作品数を考慮しなければならないことを指摘されている[8]。

　あらゆる感覚を使って察知しようとするならば，1点に対しかなりの時間を費やさなければ効果が低いことは，実験観察からも明らかであった。作品や資料の数があまりにも多いと，観察による疲労は大きい。そのため，さわれる資料は展示全体との均衡を図りながら適正な数を選ぶべきであろう。

　完結した1つの展示ストーリーを構成する作品・資料の数がそれほど多くない博物館では，すべてにさわって各感覚を活用できるのが最良と考えられる。一方，完結した1つの展示ストーリーを構成する作品・資料が多い場合，さわ

れる作品や資料は展示の核であるものを一定数選ぶのが適切であろう。この場合，知覚による観察方法だけであっても，主張される展示全体のストーリーを理解できるようにしなければならない。視覚などに障害をもつ人たちに対する配慮である。

知覚に対応する作品・資料の配置は，館全体の展示ストーリーに沿って，展示動線上の適所に散在させるのが望ましいように思われる。それらを1か所にまとめてしまうと，障害をもつ人たちに全体の展示ストーリーが伝わらなくなってしまうからである。また，特別にまとめることは彼らをそこだけに閉じ込めてしまうわけで，障害をもつ人たちに対する意識上の障壁になることを危惧する指摘[9]は傾聴に値する。

そして，配置された知覚対応の作品や資料は，部分的にふれることを可能とするのではなく，全体を隅々までさわれるようにしなければ利用者の理解はあまり深まらない。ただし，作品や資料と利用者の安全性は最優先されるべきで，重量のある資料や，それとは逆に華奢な作品などは，固定することが必要な場合もあろう。しかし，可能なかぎり手にとって観察できるのが最良といえる。作品や資料を手に持ち，隅々まで観察し，においを嗅ぎ，動かして音も聴く。そうすることによって理解は深まり，関心や親密感が高まるのは実験観察でみたとおりである。

なお，先述のように，今日の博物館は作品・資料を見る場所という観念が定着しており，利用者は見ること以外の観察方法に慣れていない。先の実験でも，あらゆる感覚を使うことに観察者は戸惑っていた。また，さわり方によっては作品や資料を傷めてしまう。実際に触察展示を設置している博物館では，無茶なさわり方により破損に至ることも少なくないようである。そのため，知覚による作品・資料の観察方法のアドバイスを，なんらかの手段で用意することが必要となろう（写真13）。

(5) 保存機能の再認識

ところで，このような知覚型の展示を定着させるためには，作品や資料の保存にかかわる問題を克服しなければならない。博物館の機能において，収蔵品

写真 13　展示作品の触察
(手前の学芸員がアドバイスをおこない、触察
の効果を高めている：和洋女子大学文化資料館)

を最大限良好な状態で後世の人たちに伝える役割が重要であることは，あらためて述べるまでもない。同時に，現在の博物館利用者に対し，作品や資料がもつ情報を最大限知らせ，理解してもらうことも，博物館存在の根幹にかかわる役割である。さわることからはじまって，各種の感覚で作品・資料の理解を図ろうとする知覚型展示は，従来の博物館における保存の機能に相反する行為とみなされる部分が多く，なかなか受け入れられ難い。

　現在の多くの博物館は，作品や資料はかけがえのない貴重なものであるから，まずもって保存しなければならないという姿勢が強いように思われる。博物館が限られたコレクションで成り立っていることからすれば，当然の態度ともいえよう。各博物館に収蔵されている作品・資料は，あらゆる意味でどれも貴重なものにちがいない。しかしその貴重さは，多くの人たちに知って理解してもらうことに価値がみとめられるからなのである。貴重な作品や資料を現在の人たちに知って理解してもらい，さらに後世の人たちにも知ってもらうために保存する。人々に知って理解してもらうことが目的なのであり，保存が目的となった保存であってはならないのである。したがって，あらゆる人に知って理解してもらうための工夫を，博物館はもっと積極的に検討すべきで，その方法として知覚型展示は有効と思われる。

　くり返すが，博物館における展示の基本的目的は，作品や資料のことを利用

者に対して正確に伝えることであり，この点を追究していくと，博物館を視覚教育の場とする既成概念は払拭すべきで，視覚型展示から知覚型展示への転換が望まれるのである。作品や資料を理解することにおいて，知覚型の展示は視覚型よりもはるかに優っている。

そして知覚型展示では，これまで博物館利用から除外されていた，障害をもつ人たちの参加が可能となる。ただし，各種の感覚で展示物を観察できることだけでは彼らを満足させることにはならない。障害をもつ人たちの展示への参加を完全なものとするためには，展示における配置方法に工夫が必要であることは，その方法とともに述べてきたとおりである。同時に，観察をサポートするハード面の整備と，ソフト部分への配慮が十分に施されなければならない。障害をもつ人への対応がどの点においても満たされている展示は，どのような人たちをも完全に満足させるものとなりうる。

こうして知覚型展示は，あらゆる人々が参加できるユニバーサルサービスの展示システムとなり，博物館が果たすべき展示の目的をようやく成し遂げることができるのである。

註
1) 棚橋源太郎『眼に訴へる教育機關』寶文館　1930
2) 鳥山由子「「博物館における障害者対応に関する調査」結果」『誰にもやさしい博物館づくり事業　バリアフリーのために』博物館の望ましい姿シリーズ4　日本博物館協会　2005
3) 奥野花代子「全国の博物館園における視覚障害者の対応に関するアンケート調査結果報告」『神奈川県立博物館研究報告（自然科学）』第27号　1998
4) 新井重三「Ⅱ-4 展示の手法による分類」『博物館学講座』第7巻　雄山閣出版　1981
5) 染川香澄・吹田恭子『ハンズ・オンは楽しい』工作舎　1996
6) 染川香澄「博物館でハンズ・オン―来館者の経験を尊重しながら」『だれもが楽しめるユニバーサル・ミュージアム』読売工房　2007
7) 布谷知夫「参加型博物館に関する考察　琵琶湖博物館を教材として」『博物館学雑誌』第23巻第2号　1998，一瀬和夫「近つ飛鳥博物館―展示からハンズ・オンに向けての覚書き」『大阪府立近つ飛鳥博物館報』3　1998　など。
8) Julia Cassim『光の中へ　視覚障害者の美術館・博物館アクセス』小学館　1998
9) 山本哲也「ユニバーサル・ミュージアムに求められる施策」『生涯学習空間』第3巻第3号　1998

第7章　心理的バリアの解消

　博物館において人々の利用の中心となる場は展示室である。そこでは利用者の便宜を図った展示環境を整えることが大切となる。すべての人が学ぶことのできる最良の展示環境の形成に際し，作品や資料に対する物理的環境とともに，利用者に対する心理的・生理的な環境整備は不可欠である。本章では，博物館利用者の心理的バリアとなる事象を中心に，その具体的事例をあげながら問題点と対応策を検討したい。

　なお，障害をもつ人の博物館利用においては，心理的負担はとりわけ大きく，その軽減や解消を考える場合，博物館を単独で利用できることを前提とした対策が必要と思われる。まずは他人に気兼ねなく，自己決定の権利の保障が核心となるからである。そのうえでハード面はもちろん，ソフト面においても，障害をもつ人，とりわけ重度障害の人にも支障のない整備があり方の基本といえよう。そうした措置であれば軽度の障害にも有効であるし，障害をもたない人たちにもまったく支障がない。当然ながらこの逆は成り立たないのである。

1　心理的バリアとその負担

　ここで検討する博物館利用者の心理的バリアとは，展示の観覧や触察などにあたり，利用者が抱く気がかり，不安，苦痛，心配などをさす。これらの心理的な状態は，身体疲労といった生理的な状態とも関連し，両者は不可分な関係といえる。ただし，生理的状態は多分に心理的状態の影響を受け，利用者の心理的バリアの解決が生理的状態を好転させることにつながる。

(1) 要因と反応

　利用者が心理的バリアから感じる負担は一様ではない。同じ物理的環境下であっても，心理的な負担を感じる人とそうでない人が存在することは，だれも

が経験的に知っている。これは，人々が心理的負担を感じる主観的な環境を，自己のうちに構成しているからである。しかしその要因の多くは，各種環境の客観的状況に内在すると考えられる。

博物館展示で利用者が心理的な負担を抱く客観的な要因は，展示空間の構造や設備にあるものと，その諸条件にあるものとに大別できる。このうち空間構造は，展示室の面積，通路床に対する展示床の占有割合，天井高，動線設定などが問題となる。そして空間設備については展示装置の構造，照明の照度や照射方法，空間条件は色彩の調整，足音や雑音を含めた音，におい，情報などがあげられる。

このような条件が不適切であった場合，それを要因とする心理的な負担により，利用者は異常な緊張感，疲労感，不快感，嫌悪感，息苦しさ，といった生理的随伴現象を起こすこととなる。このため，展示に対して理解しにくい，落ち着いた観察や鑑賞ができない，集中できない，楽しめない，という意識が生じ，博物館利用に対する不満足や低評価につながってしまうのである（**図12**）。

つまり，博物館がどんなに目的意識の高い優れた展示を企画し，いかに学術的・稀少的価値の高い作品や資料を展示しても，利用者が抱く心理的バリアの要因の解消に努めなければ，企画の意図や作品・資料の価値を利用者に正しく伝えることは困難となる。

(2) 博物館システムによる心理的負担

利用者が博物館を敬遠気味に捉えることとなる心理的バリアには，博物館のシステム上の問題に起因するものもある。序章で示したアンケート調査からみると，高額な入館料，不便な交通アクセス，堅苦しいイメージなどが，博物館に否定的な印象を抱く人たちの理由にあげられている。ただし，いずれも物理的バリアの側面もある。

入館料については，現行の博物館法で公立博物館の原則無料がうたわれているが，第5章でもふれたように，現状では有料の公立博物館は約4分の3にのぼり，指定管理者制度の導入や経済的経営効率重視の社会風潮のもと，その数は増加傾向にある。しかも，企画展の料金は廉価といえるものではない。チ

```
┌─────────────────────────────┐
│  規模・利用者動線           │
│              ─空間構造      │
│  展示装置・照明             │
│              ─空間設備      │
│  色彩・音・におい・情報     │
│              ─空間条件      │
│  入館料・アクセス・イメージ │
│              ─博物館システム│
└─────────────────────────────┘  要 因
            ⇩
┌─────────────────────────────┐
│  心理的負担                 │
│  〈気がかり・不安・苦痛・心配〉│
│              ─             │
└─────────────────────────────┘  動 因
            ⇩
┌─────────────────────────────┐
│  異常な緊張感・疲労感・不快感│
│  嫌悪感・息苦しさ           │
│              ─生理的随伴現象│
│  理解しにくい・落ち着けない │
│  集中できない・楽しめない   │
│              ─意識・感覚    │
└─────────────────────────────┘  反 応
            ⇩
┌─────────────────────────────┐
│  不満足・低評価             │
│              ─博物館観      │
└─────────────────────────────┘
```

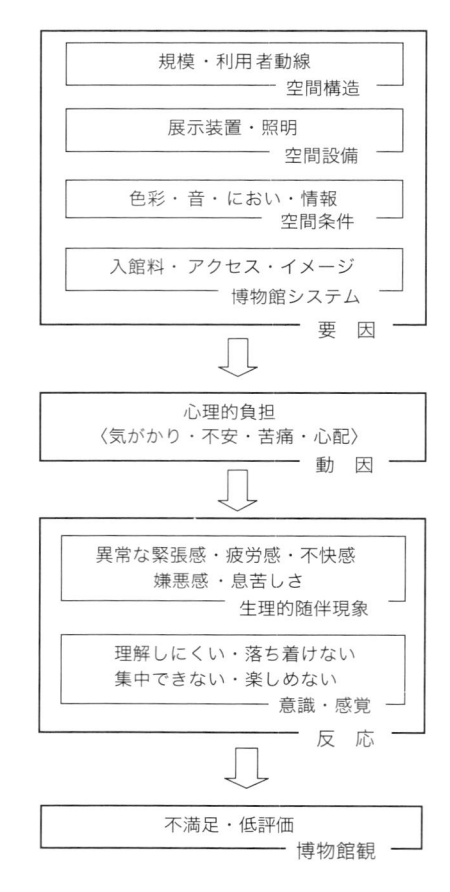

図12　博物館で生じる心理的バリアの関係

ケットセンターなどで販売される前売り割引料金が設定された企画展は，収益確保を重視する姿勢が映し出されているようにみてとれる。入館料が博物館の活動や事業に還元されるなら一定の徴収はやむをえないとの考えもあるが，公教育の役割を担うべき機関である博物館は，そのサービスをすべての人が無償で受けられねばならない。それが基本理念であり，博物館利用が高額な対価を支払う贅沢で特別な行為であってはならない。博物館法の改正に向けて，少な

くとも登録博物館は入館料を無料ないしはできるだけ低廉な額にすべきとの議論も活発であるが[1]，そのためにも博物館側が自ら公教育機関である位置づけを明確にし，それに則った活動を実践すべきと思われる。

　交通アクセスに関する心理的バリアは，多くは公共交通機関の利用の不便さによりもたらされる。比較的新しい大規模公立博物館の場合，マイカー利用を見込んだ郊外の公園内に建設されている例が多い。地域の交通体系全般とかかわるため独自の解決は難しく，周辺の各種学習機関などと連携したアクセス環境の構築も一手段であろう。また，交通アクセスの良い都市部に会場を設定して，展示やワークショップをおこなうサテライト・ミュージアムや各種のアウトリーチ活動も，交通アクセスに関するバリア解消の方策と考えられる。

　堅苦しいイメージについては，利用者は静粛な観覧の態度を保たねばならないと考えていること，展示室内の暗さによるもの，利用者に対する禁止事項の多いことなどが要因である。このうち静寂な雰囲気に関しては，博物館における鑑賞は他人の妨げにならないように静かな態度が望まれる。その点は博物館の利用スタイルとして，利用者への理解と周知が必要である。しかし，博物館は学習施設であり，学習にはさまざまな形態が存在し，展示をもとに同行者と会話しながらの観察や鑑賞のスタイルもありえよう。利用者のモラルは求められねばならないが，少しの私語も許さないというような雰囲気は取り除くべきではないかと思われる。あわせて，展示室内の吸音性を高くする仕様の考慮が望ましい。

　展示室内の暗さについては後にも検討するが，照度は展示の作品や資料の劣化・退色作用などとの調整を必要とするものの，全体的にわが国の博物館は暗すぎる観がある。石やブロンズの作品，土器，陶磁器，鉱物類など劣化や退色の危惧がみとめ難い作品や資料であっても，明るく照らし出された展示は少ない。展示室はいかなる場合でも暗くしなければならない，という思慮に欠けた固定観念に縛られているのではないかと勘ぐってしまう。演出効果をねらって照度を抑制したとみられる展示もあるが，それが堅苦しくて圧迫感のある雰囲気をつくり出しては意味がない。また，照度差による演出は全体を明るくして

も可能である。すでに紹介した大阪府営箕面公園昆虫館では，それがとてもバランスよくおこなわれている。

博物館における禁止事項は，展示活動の遂行上致し方ないものもあるが，博物館学習の効果を高めることを考慮して，柔軟性をもって考え直すことも必要であろう。例えば，展示室での写真やビデオなどの撮影は今でも多くが許可されていない。その理由は，所蔵権などの侵害にかかわる問題とストロボ使用による退色，他の利用者への迷惑などがあげられる。最大の理由は所蔵権のようだが，博物館内で公開しているうえでは，撮影による所蔵権は放棄すべきとの指摘もある[2]。また，コンピューター機器が発達している今日では，図録や絵葉書などから精巧な複写をつくることは容易で，撮影禁止が所蔵権の確保に実質的な効果があるとは考えがたい。ストロボの使用には問題があるが，退色の心配がない作品や資料で構成された展示室では，他の利用者の迷惑に配慮した撮影は許されてもよいと思われる。

2　空間構造の整備

博物館展示で利用者が受ける心理的圧迫は，展示室内の空間構造を原因とすることが多い。空間構造では規模と動線計画の不備が，利用者に心理的な負担をもたらすようになる。

(1) 展示空間の規模

展示空間が狭く遮蔽されている場合，圧迫感からくる息苦しさを感じることがある。そのため博物館の建築に際しては，各展示室の床面積と天井高を十分に確保して，空間をできるだけ広くとることが求められる。床面積は，展示床と通路床の割合を1：4程度とした広さを理想とする指摘がある[3]。天井高については眼高の2倍を確保すべきとされており[4]，3.6〜5.0mのものが一般的だという[5]。しかし，実際には最低限の空間さえ確保できないことも多い。その場合には空間の遮蔽を避け，部分的にでも開け放つことにより圧迫感はかなり補償される。

展示室における窓の設置は，紫外線や熱線などによる資料の劣化現象とかか

わるため注意を要するが，紫外線の吸収や断熱の処理を施したクリアーな窓ガラス越しに適量の空間が見えるならば，部屋の広さ感覚は増大する。隣接する個々の空間の接合部分を開放することも，空間の狭さを補うための手段となる。部屋が狭く，通路床の割合を小さくせざるをえない場合でも，背の高い展示ケースを避け，部屋全体が見とおせるような展示方法をとることで，通路部分の狭さ感覚は随分と緩和される。

さらに，展示室以外でも圧迫感のない空間の確保に留意すべきであろう。ミュージアムショップや映像用の独立ブースなど，とりわけ車いす使用者に対して苦痛をもたらしている例は少なくない。

空間における開放性を高めることは，圧迫感からくる心理的負担の解消につながるだけではない。人が活動する建物空間の評価指標には開放感と満足感と親しみやすさがあり，これらの相関関係は開放感が大になれば満足感も大きくなり，開放感と親しみやすさとにもそれに近い関連がみとめられるようである[6]。つまり，圧迫感をうける展示空間では利用者の満足感は得られにくく，親しみもあまりもてないこととなる。

また，空間における快適性には身体を休めるスペースの確保は欠かせない。展示鑑賞は疲れる，との利用者の声はしばしば聞かれる。高齢者人口が急増している今日では切迫した要望である。展示空間のなかに一息つける椅子などを配置することは，気持ちの負担をやわらげるのにも役立つ。

(2) 利用者動線

動線のあり方は展示観覧者の心理に大きな影響を与える。展示室内はもとより，博物館全体の動線が複雑であると，進路を常に気にしながら行動することとなり，作品や資料以外に気を遣わなければならず，展示に集中できない。動線が単純であるほど観覧者の心理的負担は軽減される。よく知られているように，動線の進行方向は解説文の書き方とかかわってくる。横書きで解説したパネルやキャプションを用いる場合，観覧者が違和感なく展示順路を進むためには右回り（時計回り）の動線計画が適切であり，縦書きでは左回りに設定すると気がかりなく行動できる。

動線上においては，意識をしないで進行することに障害となる物があると危険が生じ，心理的にも負担となる。展示室内の通路床が狭いときには，解説シートの配置台，休憩用の椅子，仕切りのためのロープやチェーンなどが置かれていると，観覧中にぶつからないか気にかかる。障害をもつ人や車いす利用者の場合，安定的な行動に問題があるため，とりわけ大きな制約が生じる。展示室内で通路床に確保すべき割合は80％程度が望ましいといわれるが，小規模な展示室ではこれをかなり下回るのが現状のようである。通路床の割合が少ない状態では，小型の機器や装置であっても大きな障壁となってしまうため，取り除くべきであろう。また，民俗資料の展示室では，床に直接置かれた資料がしばしば通路部分にはみ出しており，足を引っ掛けるのではないかと気がかりな存在になっている（**写真14**）。通路床は，展示床から明瞭に区別されている方が心配なく行動できる。

　同じように，展示室の動線上に段差があるのも心理的な負担となる。見て確認しにくいわずかな段差ほど危険度が高い。車いす利用者や視覚に障害をもつ人などには，その負担はさらに大きい。復元展示やジオラマ展示として展示室内に古民家などを再現している例では，設けられた敷居が内部へ入る際の障壁となっていることがある。足元に注意を促す配慮とともに，スロープの設置や一部の段差の除去が必要であろう。

　そのほかに，床と連結せずに壁面から突出したケースや展示物，案内板など

写真14　通路にはみ出した展示資料
（資料が身近に感じられるメリットはあるが，危険もともなってしまう）

134　　第7章　心理的バリアの解消

も安心した観覧を妨げる要因となり，好ましいものではない。これらの措置は館全体の動線においても同様である。

また，動線の床の構造は"かたさ"の知覚が疲労感と関係する。硬質の床の上で長時間立ち動いているのと，弾力性のある床で同じ時間行動するのとでは，後者の方が疲労感は少ない。床がある程度の弾力性をもっていると，疲労感が和らげられるとともに，緊張感が解かれて落ち着いた気分に近づく。このため展示室の床にはやわらかなカーペットが適している。

カーペットの"圧縮かたさ感覚"の実験によると，カーペットのパイル（立毛）長にあたる変形長が 2.5 mm から 6 mm に増加する過程では"圧縮かたさ知覚"は急激に低下し，これより大きい変形量では低下が緩慢となる[7]。つまり，パイルを 6 mm より短くすれば急激に踏み心地がかたくなり，これより長くしても踏み心地のやわらかさはわずかしか増加しない。長すぎるパイルは車いすを動かしづらくし，利用者に負担をかける一因ともなるので，パイル長 6 mm 前後のカーペットがもっとも適切といえる。

ところで，視覚に障害をもつ人は，まずもって空間状況を把握することが困難である。彼らにはこの困難さによる心理的な負担の解消からはじめなければならない。視覚の遮断はさまざまな危険性をもたらす。それらの危険性を動線上から除去する措置を含め，先に示したようなバリアフリーな施設・設備を整えるとともに，館内案内の触知図や点字パンフレット，聴覚機器などによるガイドを備えることが必要である。あるいは人的な案内や誘導もサポートとして適切な方法であろう。こうした配慮はすべての人の不安感をとり除くことにもなるはずである。

いずれにしろ，危険な部分をなくし，視覚に障害があっても安心だということをはじめに知らせることにより，利用者の不安は大幅に減少されよう。聴覚障害や肢体不自由などの障害をもつ人に対しても同様である。障害をもつ利用者が安心して利用できることを入館時に明示している博物館はきわめて少ない。最近ではインターネットのホームページ上で明示する館がみられるものの，まだ少数でしかない。障害をもつ人たちは，博物館を利用しようとすることにお

いて，すでに心理的負担を抱えているのである。

3　空間設備の適正化

　観覧者の心理的負担の要因となる空間設備には，主として展示装置と照明があげられる。

(1) 展示装置

　展示装置の構造に観覧者の身体への安全性を欠いた不備があるとしたら，観覧者が不安を感じる以前に，突発的な事故をひきおこすこととなる。観覧者が一度でもそうした事故を経験してしまうと，もはや安心した気持ちでの利用は望むべくもない。展示ケースのガラスや，金属・石などでできた展示ステージ，台座の角といった危険がひそむ部分には，十分な保護対策が必須である。

　また，テーブルケースを用いた展示では，資料を覗き込む際に手や肘をガラスにつくことがある。ケースが動いたり，ガラスやケース本体が華奢であったりすると不安感を抱く。テーブルケースによる展示が多いと腰や背中に負担がかかるため，ゆっくりと落ち着いて鑑賞するためには，手すりを設けるか，あるいは安心して手や肘をつくことのできる頑丈な構造のケースを採用し，しっかりと固定しておかねばならない。

　ところで，"ガラスに触れないでください"と注意書きされた展示ケースをしばしば見かける。博物館の展示ケースは展示物を安全に保つことが目的であって，ガラスはその保護のためのものである。観覧者にとっては，展示物との間に何の隔たりもなく鑑賞できることが本来は望ましい。透明なガラス1枚といえども，展示物との隔絶感は心理的にも大きい。そのことを斟酌するならば，ガラスに手や顔を触れてまでして熱心に展示物を鑑賞する利用者こそ，博物館は歓迎すべきであろう。危険なガラスであるのならば補強対策をおこなうべきであり，ガラスへの汚れを嫌うものならば，それを除去することは博物館側の責務といえる。

　展示装置の構造上以外の危険性としては，ウォールケースや大型のセンターケースにおいて，小さな資料や密な細工が施された作品，あるいは文字・絵画

資料が傾斜をもたせず寝かせた状態で展示してある場合，覗き込もうとしてガラスにひたいをぶつけてしまう。そのため展示ケースとの間合いを気にかけて，心配しながらの鑑賞になる。ガラスの所々に目印を付すことや，ケースの前面に仕切りロープを置くなどして気がかりと事故を解消する対応がみられるが，後者の場合，展示物と観覧者との間を二重に隔てることとなり，隔絶感がさらに大きくなってしまう。展示物の大きさに応じ，見やすさに合わせた展示ケースを選ぶことが最善の策であろう。

(2) 展示照明

展示された作品や資料の観察・鑑賞のためには一定の明るさが必要である。この明るさは，観覧者が必要とするものと，展示物に適するとされるのとでは異なってくる。

博物館における展示照明は，人工光源によるものが現在は主流である。これは展示物の保護を重視し，劣化原因となる太陽光からの紫外線や赤外線放射熱を遮断することを最大の理由としている。作品や資料にとって紫外線は褪色といった光化学変化をひきおこし，赤外線放射熱は温度上昇をもたらして変形・変質の誘因となるからである。

展示物の光化学変化の原因となる有害光線を抑制するため，国際博物館会議（ICOM）は展示照明の推奨照度を示している[8]。これによると，油彩画・テンペラ画・天然皮革・漆芸品・木製品・角・骨と象牙・石などは200ルクスが限界で，衣裳・織物・水彩画・家具・版画・下絵・原稿類・生物・細密画・切手・壁紙・染色皮革，ほとんどの自然史と民俗資料は50ルクス以下と低い。これら以外の作品や資料についても高照度はなるべく避け，室内全体の照明も拡散光でかなり低い照度レベルにすることを求めている。

一方，観覧者の立場からすると，一定の距離のもとで展示した作品や資料を詳細に観察・鑑賞し，さらに解説文や図表をはっきり読むことができ，それによる疲労感や不快感などの生理的随伴現象を生じさせない明るさが必要である。この点からいえば，照度が高いほど展示物はよく見え，疲労感や不快感は少ない。日本工業規格（JIS）の基準では，学校の教室・実験実習室・研究室・図書

室などの学習環境の照度基準は200〜750ルクスである[9]。ただし，弱視者に対応する照度はこの基準の2倍以上としており，聴覚に障害をもつ人に対しても，くちびるの動きを見ることが言葉の理解の助けとなることからこれも2倍以上，すなわち最低400ルクスの照度が求められている。学習機関である博物館が照度から生じる観覧者の負担を取り除こうとするならば，本来は学校の諸施設と同様のレベルが望ましい。

　上記のように，作品や資料における適切な照度と観覧者にとっての快適な明るさでは，かなりの開きがある。光による劣化・損傷を最少に抑えるとともに，展示物が十分に見えるような照度を維持しなければならないが，両者の調和を図るのは難しい。ただ，現在では紫外線をほとんど除去した蛍光灯や，放射熱を大幅に抑制したハロゲンランプなどが普及しており，人工照明を原因とする紫外線や赤外線による展示物の劣化・損傷の被害は，かなり抑えることが可能になっている。照明から生じる可視光線も，波長の短い光が劣化作用をおこすものの，その影響は紫外線よりはるかに小さいという[10]。

　作品や資料の保存は博物館が保持する機能の1つであり，展示物の劣化・損傷は可能なかぎり避けねばならない。そのため，ある程度の暗さは許容せざるをえないが，照明機器における展示物保護機能の向上を考えるならば，その緩和機能を加味して，いかなる観覧者にも心的な負担を過分にかけることのない明るさに近づけるように，再検討すべきと思われる。また，観察・鑑賞しやすい明るさをかなえるには，自然光の採り入れは効果が大きい。壁や間仕切りなどに反射させた間接照明や緩衝照明を工夫し，外光を採り入れる窓は断熱ガラスを用い，かつ紫外線を吸収するワニスの塗布か吸収フィルムの貼付処置を施せば，展示物の劣化・損傷作用は大幅に抑制できる。自然光は演色性に優れていることからも，もっと肯定的に捉えることが必要ではないかと思われる。

　ところで，疲労感や不快感の原因となる見えにくさによる苦痛は，照度の高低だけが影響するのではない。色温度も重要な要素で，これは暖かさや冷たさ，明るさや暗さの感覚など，心理的に多様な作用を生じさせる。人工光源の色温度は蛍光灯が2800〜6700ケルビン，ハロゲンランプは3000ケルビンで，色

温度が低ければ赤味の光に，高くなると青味の光に対応する。また，色温度は照度とも相互関係をもっており，色温度が低いと照度の高低にかかわらず暑苦しく感じられ，色温度が高い状況では照度が高すぎると陰気な感じになるとされる[11]。つまり，色温度を照度とあわせて工夫することにより，明るさをある程度抑えても，見えにくさによる心理的負担をかなり軽減することができる。例えば，照度が200ルクスであれば，光源を2700～3800ケルビンの色温度とすることにより快適な雰囲気に近づき，100ルクスであれば2400～2900ケルビンが適切となる。

　ほかに，光源の位置や照射方法も見やすさに影響を与える。人工照明の場合，照射の位置はだいたい一方向ないし二方向に限定され，陰影が生じて見えにくい部分ができることがある。展示のなかの陰影は，時には展示に変化ができ演出効果を生み出すこととなるが，観覧者に負担をかけるものであってはならない。スポット照明も演出には効果的であるが，頻繁な使用は視覚への刺激が強くなり，疲労感をもたらす。そのため拡散光や反射光によって主光線をおぎない，自然光の照射条件に近いやわらかな照明環境を重視すべきであろう。

　また，隣接する展示の照度差が大きいと，視覚が明るさにすばやく順応できず，見えにくさを感じることとなる。展示室の内と外との照度差についても同じことがいえる。明暗のはっきりとした照明方法は避けるか，視覚が順応するまでの時間を考慮した空間や，順応のための緩和照明の措置が必要である。

4　空間条件の緩和

　観覧者の心理的負担の要因となる空間条件には，色彩，音，におい，情報があげられる。

(1) 色　彩

　色彩が人の心理に影響を与えることは，色彩学や心理学などの研究からひろく知られている。建物の室内環境において，色彩の生理的・心理的効果を積極的に活用した設計建築も今日では少なくない。展示空間や他の個々の空間に合理的な彩色を施し，環境の安全や快適性を向上させる色彩計画は博物館でも大

切であろう。

　色の明度や彩度，色相には好悪反応がみとめられる。日本の成人は高彩度・高明度の色を好み，低彩度・低明度の色はあまり好まないようである。色相では青系がとても好まれ，次いで赤・緑が好かれ，紫味の色相は嫌われるとされている。そして基本色相は好まれ，中間色相は好まれにくいという[12]。ただし，性差や年齢差により色の好悪は異なっており，男性は青と緑を，女性は赤や赤紫系を好みやすく，しかも男性の好みは画一的なのに対し女性は多様化の傾向があり，年齢をみると低年齢ではあざやかな色や明るい色を好みやすく，高年齢に至るとにぶい色や暗い色への好みが高まるらしい[13]。

　博物館では展示物が周囲の色に埋没するのを防ぐため，低明度で低彩度の色彩環境であることが多い。とくに展示物が大型のもの，例えば歴史系博物館での仏像や掛軸などは，展示室内全体が明度と彩度を低くおさえた色彩環境となっている。このため不安で落ち着かないイメージを与えることが少なくない。そのうえ作品や資料の保護のために照度も低く設定されていると，不安感はより高まり，子どもにとっては恐怖さえ感じるような空間となっている。低年齢の観覧者があまり足を止めない展示空間は，展示物の性格以上に，色彩環境からくる不安感が影響していることが多いようである。

　そうした事態を避けるために，展示空間の色彩環境は，部屋の天井や壁，床の色と展示ケース内あるいは展示物の背景の色とを，それぞれ別にして決めるのが適切だと思われる。ただし，展示ケース内や展示物の背景の色彩は，展示物の色ともかかわってくる。展示の作品や資料と背景の色彩とが同系色で明度差が小さいと，識別性が悪くなって見えにくい。両者の明度差を大きくすると識別性は高くなる。

　また，色彩環境は，観覧者の印象や観察・鑑賞による疲労感にも影響を与える。あざやかな赤や橙は，"はげしい""いらいらした""苦しい"といったイメージがもたれるのと同時に，疲労感を生じさせやすい色といわれる。これに対し，うすい緑は"すがすがしい""明るい""気持ちよい"といったイメージを抱かせて疲労が生じにくく，濃い黄色もあまり疲労を感じさせない色とされ

ている[14]。展示空間の色彩計画に考慮すべきで，調和のとれた配色空間は疲労が生じにくく，安全で快適性があり，学習意欲の高揚にも効果を高めることとなろう。

ほかにも，キャプションや解説パネルの文字や図表なども色彩が不適正であると，判読や判別しにくさからくる苦痛から，疲労感や不快感をひきおこす。文字や図表類は読みやすく，かつ早く認識されるように配慮されていれば，観覧者の心理的負担とはならない。これには色の読みとれる性質や度合いの可読性，および目で確認できる視認性，さらに注意を引き付ける誘目性など，色の特性を利用することが効果的である。

可読性や視認性は，主として背景となる色と文字や図表の色彩の明度差が大きいほど高く，小さければ低くなる[15]。誘目性については，多分に感情レベルの心理的要素が含まれるようであるが，一般的に誘目性が大きい基本色は，白色の背景では赤・黄・青・赤紫・緑・黄緑・紫・青緑の順であり，黒色や中灰色の背景では黄・赤・黄緑・赤紫・青・緑・青緑・紫の順と指摘されている[16]。この色の誘目性は，危険箇所に対し注意を促すのに利用されることが多い。聴覚に障害をもち，視覚だけにしか頼らざるをえない人のことを考えるならば，心配のない観察・鑑賞の基本となる安全面での誘目性の配慮は，欠かしてはならない対処であろう。

なお，色覚に障害をもつ人への対応も大切で，第5章でみたように，使用色の検討や明度差を操った工夫により改善が可能となる。

(2) 音

視覚に障害をもつ人は，行動において聴覚が重要な役割を果たしている。視力のない人は，物体が音を吸収したり反射したりすることで生じるわずかな音の強さを利用して，物体との距離や周囲の状況を把握しているともいわれる[17]。彼らには音が及ぼす心理的影響はとりわけ大きい。

障害をもつか否かにかかわらず，博物館利用者の心理的な負担につながる音には，ジオラマや模型，解説装置，実験装置といった可動式展示装置の機械作動音や，室内空調機械の稼動音などがある。装置の稼働により突然大きな音が

出たり，低周波の作動音が絶え間なく発せられたりすると，観察・鑑賞に向けた落ち着きが妨げられる。

このような機械が発する雑音は，観覧者の心理的な負担を大きくするだけでなく，展示物にも悪影響を及ぼす。音波は振動をともなう性質があり，音波の届く範囲の物体は振動のエネルギーを吸収し，その距離によって異なるが共振して振動するようになる。エネルギーの吸収の度合いが強ければ，博物館では作品や資料の損傷につながるおそれがある。展示物の損傷にまでは至らなくとも，展示機器や作品・資料の一部が繊細に接着されている場合，振動によってこの接着にゆるみが出ることもあるという[18]。

また，音響装置による解説の音量が大きすぎると，音が周囲に拡散され，近くで別の展示を鑑賞している人には耳障りで不快なものとなる。音量の制御は難しいため，狭い展示室や各種の展示が込み入ったなかでの音響装置の使用はあまり好ましくない。ただし，聴こえる範囲を限定することが可能なスピーカーが開発されており，音の拡散を解決する手段となっている。

観覧者が静かに落ち着いて観察・鑑賞したい展示内容の場合，他の人の足音や話し声も雑音に感じられることが多い。館内が静寂であるほどその音は気にかかり，展示への気がそがれる。足音の解消は床をカーペット貼りにするのが効果的といえる。雑音ともなってしまう話し声への対策については，壁や天井に吸音性の高い材質を用いたり，吸音板を取り付けたりする方法もあるが，これにより音の響きをおさえるのは可能であっても，話し声を消すことはできない。最終的には観覧者のマナーに頼らざるをえない。一部の館では展示の内容やねらいに合わせた音楽を小さな音量で流す工夫がみられ，これが不快な雑音を消す効果を生んでいる。

展示空間に流される音楽は，観覧者の心理にも影響を与える。計画された適切な音楽は，興奮をよびおこす刺激的な雰囲気を醸し出したり，あるいは興奮を鎮めリラックスできる環境を創造したりすることが可能となる。いずれの場合も，観覧者の心理的負担となるものではなく，展示の理解を心理的側面から補う相乗効果を生み出す効果がみられる。

例えば，ねむの木子ども美術館（静岡県掛川市）は肢体不自由児療護施設ねむの木学園の教育公開の場でもあるが，ここでは施設の子どもたちによる歌声が流されており，絵画や工芸作品から発せられる主張をより強烈にうったえる効果を生んでいる。和洋女子大学文化資料館では企画展の内容に合わせて民族系の音楽を流し，観覧者の気持ちを展示により近づける効果をねらっている。

これらは快適な興奮をよびおこす例であるが，音楽の活用は気持ちをリラックスさせる役割をもたせていることの方が多い。資生堂企業資料館（静岡県掛川市）ではα波を発する音楽を選んで流しており，観覧者の緊張を解いて気持ちを穏やかにすることを意図している。同様に，富山県埋蔵文化財センター展示室（富山市）は，川のせせらぎや風による木々のざわめきの音を響かせ，落ち着いた気分での観察をもたらしている。また，山形美術館（山形市）では展示室以外のホールや通路にクラシック音楽が流され，鑑賞に入る前や，その合間の気持ちを切りかえるクッションに感じられる。いずれも雰囲気や気分に良好な影響を与えるものとして軽視できない。

(3) におい

観覧者が不快に感じるようなにおいが生じることは博物館ではあまりない。ただし，においは心理的に悪影響を及ぼすものばかりではない。近年ではある種のにおいや香りが，人に有益な精神・生理作用をもたらすことが注目されており，医学的療法にも用いられている。芳香療法やアロマテラピーとよばれ，気分をリフレッシュさせ快活度の増進を図るとともに，精神に安らぎを与えて心身の疲労を回復させることに効果をもつ。心理的負担を軽減させる作用をもつ香りは，活用方法によっては博物館利用者に対しても有効性があろう。

資生堂企業資料館では，観覧者をリラックスさせる効果をもつ香りを芳香装置で館内に送り，気分的な面から展示鑑賞を助ける演出が実践されている。ここでは前述のように展示室で気分を和らげる音楽も流されており，聴覚と嗅覚へのアプローチを一体化して，観覧者の気持ちを落ち着かせる環境づくりがおこなわれている。

ただし，においや香りの療法が精神的・生理的に及ぼす影響やメカニズムに

ついては，まだ明らかになってはいない。詳細な研究は緒についたばかりで，今は試行の段階のようである。

(4) 情　報

　博物館は情報を発信する場といえる。その中心となるのは解説類を含めた展示物であるが，その情報の量が観覧者を心理的に圧迫する原因となることもある。個々にキャプションを付した多種多量の資料が密に並べられた展示や，長文の解説パネルを多用した展示，または壁面が解説や図表などのパネルで埋めつくされた展示では，それらの情報量に圧倒されて，観察・鑑賞することを苦痛と感じる人たちがいる。

　観覧者の動態調査をおこなうと，展示空間での滞留時間は情報量の多さとは必ずしも比例しない。情報がコンパクトにまとめられた展示空間の方が，1点ごとの観察・鑑賞に時間をかけ，滞留時間が長い場合もある。情報量があまりにも多いと，集中力が散漫となってしまうからであろう。そのため，作品・資料や解説パネル類の数，さらに解説文の長さなどについて，それぞれの展示空間に応じた適正量を見極めなければならない。また，情報の提示方法も文字や音声，映像など，各種の手段をバランス良く配置することが大切である。

　音響装置による展示解説や映像展示の場合，人がいなくなった展示空間で，作動された音声解説や映像が流れている場面に遭遇するのは珍しくない。解説や映像の内容に問題があるのではなく，所要時間が長すぎるため，利用者の集中力が続かなくなっていることが多い。苦痛を感じずに集中して見たり聴いたりできる時間は個人差があるものの，一般的には簡潔でできるだけ短い方がよい。それが立ったままの姿勢であれば，なおさらである。音響・映像装置に所要時間を示した例が増えており，この配慮は利用に際しての心構えができ，利用者の安心感を得るものとなっている。

　以上，博物館で除去すべき心理的負担にかかわる事がらについて述べてきたが，利用者から"いかめしく堅苦しいところ"とみられていたかつての博物館観は徐々に変わりつつある。先にみた参加して体験できる展示や，娯楽性をとり入れた展示など，利用者を動的に位置づける方法の導入により，博物館は楽

しんで学べる施設へと変化してきた。その一方で，展示の作品や資料を落ち着いてゆっくりと観察・鑑賞することは伝統的なスタイルであり，博物館が果たすべき役割の基本は，そうした姿のなかにもあると思われる。利用者に対する心理的負担の解消は，この点においても重要なのである。

註
1) これからの博物館の在り方に関する検討協力者会議『新しい時代の博物館制度の在り方について』2007
2) 青木豊「現代博物館再考」『國學院大學博物館學紀要』第19輯　國學院大學博物館学研究室　1995
3) Roger S. Miles 編著（中山邦紀訳）『展示デザインの原理』丹青社　1986
4) 佐々木朝登「Ⅴ 展示室の条件・展示と保存」『博物館学講座』7　雄山閣　1981
5) 下津谷達男・米田耕司「Ⅱ 土地・建物と施設・設備とその管理」『博物館学講座』9　雄山閣　1980
6) 乾正雄「Ⅱ部7章 空間環境」『応用心理学講座』7　福村出版　1989
7) 熨斗秀夫・那須範久「カーペットの圧縮かたさ感覚に関する基礎的研究」『繊維機械学会誌』25　1972
8) Timothy Ambrose, Crispin Paine "Museum Basics" ICOM, 1993
9) JIS「照明基準」JIS Z 9110-89　1989
10) 登石健三「第7章第1節4. 光」『美術工芸品の保存と保管』フジ・テクノシステム　1994
11) 石川陸朗「博物館館内の展示照明」『MUSEUM STUDY』7　明治大学学芸員養成課程　1996
12) 近江源太郎「Ⅰ部2章2節 評価的判断―色彩感情の事例を中心に」『応用心理学講座』7　福村出版　1989
13) 註11文献
14) 柳瀬徹夫「色彩」『オフィス環境研究報告書』日本能率協会　1986
15) 大島正光「第Ⅱ編 色彩の生理・心理学」『色彩調節』技報堂　1953
16) 神作博「色彩の誘目性に関する実験的研究(4)」『日本心理学会第33回発表論文集』日本心理学会　1969
17) 石田久之「第Ⅱ章 §2 聴覚弁別」『視覚障害心理学』学芸図書　1988
18) Garry Thomson（東京芸術大学美術学部保存科学教室訳）『博物館の環境管理』雄山閣　1988

終　章　人がつくる博物館

　社会の事象を変えるのは認識であり，そしてそこから実践される当事者の行動である。すべての人たちが集まり，支障なく利用できる博物館に向けた理念やあり方についての各種の事がらを検討してきたが，もっとも重要なのは，博物館活動をとりまく人たちが博物館の本質に考えを至らせ，認識を整え，行動することといえる。だれもが学べる姿の博物館は，そうした人たちの力によってつくられていく。

1　博物館の楽しさ

　すでに述べてきたように，博物館の根幹は公衆に対する教育的役割で，その遂行が現代の博物館の存在意義である。一方で，人々の博物館に対する期待は，学習と楽しみを別のレベルとして捉え，学ぶこと以上に娯楽性の方向に高い。

（1）博物館における娯楽性

　大衆文化の時代とされる現代では，暮らしのなかの娯楽がそれを支える背景の1つとなっており，人々は感覚的に楽しめるものを強く求めている。ICOM憲章など各種の博物館の定義に娯楽の役割が付加されているのは，このような社会すう勢の反映と捉えられる。

　ただし，博物館の発達の歴史は，人々の楽しみに対する欲求と不可分であった。わが国では博物館創設の嚆矢となる博覧会が1871（明治4）年から催されており，その企画当事者の1人である田中芳男氏の講演録によると，翌年開催された文部省博覧会はたくさんの人々がおしかけたために急遽入場制限が出され，さらに会期が2度にわたって延長されるほど活況だったようである[1]。陳列品では尾張城の金鯱が衆目をひいており，そうした珍しい展覧品を目当てにやってくる人たちの心情を推し量ると，大方は物見遊山のような気分だったと

思われる。やがて開館に至った博物館では、"知識開明"への寄与といった教育的な役割が意図されるが、ここでは次第に来館者が減少する状況となっている[2]。教育に向けた手立てが娯楽性を減じさせ、人々の楽しみを削ぐ一因となったのかもしれない。

　博物館における教育と娯楽の役割に関しては、それぞれ相反するもので両立を図るのは難しいとみる向きがある。教育機能を強く押し出すことが博物館を堅苦しいものとし、娯楽に適わない施設にしてきたとの指摘もなされている[3]。たしかに、序章で検討したアンケート結果からも、博物館を堅苦しい場と感じている人たちは多い。しかし、その原因は必ずしも教育機能の強調によってもたらされているのではなく、静かすぎる雰囲気や暗い照明、行動を抑制する幾多の制約など、物理的・心理的なバリアに多く求められる。つまり、博物館運営の姿勢と大きくかかわるものと捉えられる。

　現代社会では、人々が日常に得ている知識や思想の大部分は娯楽をとおした場面からであり、学習と娯楽は決して異なったレベルにあるものではない。すなわち、博物館での学習は楽しめるものとして組み立て、娯楽性を感じながら促すことが必要なのである。一方で学習と娯楽は感情的に大きく異なった面をもっている。しかしながら学習と娯楽の意義を考えるならば、学ぶことは生きるための指針や手立てを追究することであり、娯楽は生きるためのエネルギーを培う主要な手段といえる。両者はともに、人々が生きていくために必要な活動なのである。

　したがって博物館における教育と娯楽の役割は、いずれかの高揚や充実が選択されるべきものではない。両者は相反するのではなく、互いに補完し、車の両輪をなすものと位置づけるべきだと思われる。博物館において娯楽的役割を強調しそれを高める努力は、博物館の教育的役割を低下させることにはならないはずである。

(2) 楽しさの条件

　博物館が娯楽性をもった楽しい場所であるための方策には、展示空間の工夫とサービスシステムの整備の2つの視点が考えられる。

このうち展示空間の工夫の第1は，演出された展示をつくることである。例えば，作品・資料の陳列を中心とした一方向的な情報提示ではなく，利用者からもアプローチできるいわゆる対話型の展示があげられる。その際，あらゆる感覚を使って資料の情報を得ることができる知覚型の展示は，第6章で検討したように資料との深い対話を可能とし，楽しくわかりやすい展示への改善に導く有効な方法となるにちがいない。
　第2は，ワークショップなど関連プログラムの充実である。ワークショップは動的な機会を提供することができ，動的な活動は博物館から堅苦しい印象を払拭する手立てとなろう。また，そのようなプログラムの充実は活動を幅広いものにし，楽しめる要素を増大させる。
　ただし，くり返し述べるが，社会的存在としての博物館の根幹は公教育機関ということである。したがって博物館における娯楽性は，学ぶことの動機づけや学習の促進を見据えたものでなければならない。さもなければ，遊園地やテーマパークなどのアミューズメント施設との違いがなくなってしまう。博物館はそれらとは異なった独自の役割をもっており，それが公教育なのである。
　第3は解説方法の工夫で，そのあり方はすでに述べてきたが，平易で接しやすいものを心がけるべきことを加えておく。解説表現や内容を平易にすることは学術的レベルをおとしめると考えるむきもある。だからといって難解な表現内容や厳粛な対応が，博物館の展示や作品・資料の学術的権威を高めるものとなるはずはない。
　そして第4は，心理的バリアが除去された居心地の良い展示環境の創出で，内容は第7章で述べたとおりである。
　一方，サービスシステムの整備の点では，利用しやすくするための条件整備として，入館料や開館時間，交通アクセスの検討・改善があげられる。また，ミュージアムショップやレストランなどの充実も大きな要素である。ミュージアムショップには博物館体験を具体的な形として思い出にできるものがあり，欲しいものを探し出す能動的な楽しさも加わる。さらに，博物館に適したレストランやカフェは利用者にゆったりとした気分をもたらせ，娯楽の場としての

大きな要素となる。

　そのほかには，各種のメディアやICTシステムを活用した情報サービスの充実があげられる。展示やワークショップなどの企画をはじめ，館が実施しているすべてのサービス情報を，広く発信し提供することが肝心となる。楽しさをアピールする努力も大切なのである。

2　博物館と利用者をつなぐ人

　だれもが楽しく学ぶことのできる博物館であるためには，施設・設備やシステムの構築と整備は重要といえるが，それ以上に大切なのは博物館活動を遂行する"人"の育成である。

(1) 迎え入れる意識の自覚

　博物館のスタッフが利用者を積極的に迎え入れようとする意識は，すべての人が支障なく学べる博物館となるための基本的な条件といえる。当然のことではあるが，漠然とした感覚ではなく明確な認識に高めることは，心のこもった適切で質の高いサービスの裏付けとなる。博物館スタッフのみならず，博物館をとりまく市民をも巻き込んで意識を高めることにおいて，アメリカやイギリスの活動スタイルに学ぶべきところがある。

　世界最大の博物館群といわれるアメリカのスミソニアン協会 (Smithsonian Institution) では，障害をもつ人を迎え入れる理念を明らかにし，その推進に向けた実践方針である "Accessibility for People with Disabilities"[4] が1994年に作成されている。この文書は，すべてのプログラムや施設・敷地内の各所において障害をもつ人が支障のない利用ができるための準備を誓い，その決意を遂行するための手順を，スミソニアンの方針として確立することをうたったものである。この宣言書は，アメリカでの障害をもつ人に対する法整備を背景基盤とし，方針と実践，責任の所在，要求点からなる内容で，協会の明確な姿勢と強い意志が看取できる。これにもとづき，スミソニアンでは展示デザインのための具体的なガイドラインとなる "Accessible Exhibition Design" が定められている。

こうした動きが牽引となり，1998年にはアメリカ博物館協会（American Association of Museums）において，障害をもつ人を含めだれもが利用できる博物館にむけた運営や設計の指針である"Everyone's Welcome"[5]が提示されており，それを基盤に独自の方針を掲げる博物館が増えているようである。

同様の状況はイギリスでもみとめられる。イギリスの博物館協会（Museums Association）が2001年に採択した博物館の倫理規程には，博物館に従事するスタッフが遵守しなければいけない事項に，社会の多様性と重層性を認識してだれにも平等な機会を提供する原則の維持と，障害をもつ人々の要望に応えて利用を可能にする建物や展示，各種のサービスを提供するシステムの準備が明記されている[6]。この倫理規程などを基にして，多くの博物館でそれぞれの方針や行動計画が示されつつある。

例えば，大英博物館（The British Museum）では障害をもつ人の博物館利用を保障するため，"Disability Equality Scheme"が示されている。18項目からなるかなり大部な内容で，多様な人々が利用する博物館の価値観や障害をもつ人の正しい理解，平等の義務などが表明され，実施するサービスや対応方法を示すとともに，スタッフの訓練，雇用やマーケティングにまで視点を及ばせたものである。さらに，今後2年間で解決する具体的対応を明記した行動計画も提示され，ともにウェブサイト上で公開されている。

同様に，ビクトリア・アルバート美術館（The Victoria & Albert Museum）でも，15項目からなる障害をもつ人への平等計画と行動概要が示されており，ホーニマン博物館（Horniman Museum）には内容をやや簡略化したものであるが，障害をもつ利用者とスタッフに対する"Horniman Museum Disability Policy"の声明書が示されている。

このような計画書や方針の提示はイギリスの多くの博物館で取り組まれているが，具体的なサービスや対応を明示するだけではなく，多様性の尊重や平等の原則，障害を理解する価値など，その理念の明確化から始まっている点がいずれにも共通する。これはスミソニアンの例にも指摘できる。だれにも支障のない博物館の実現は，館のスタッフ，さらに社会においてその意識を高めるこ

とがまず重要と考えられる。その点において，それぞれの博物館が理念を明らかにして社会に表明することの意味合いは大きい。

　一方わが国では，日本博物館協会によって「誰にもやさしい博物館づくりの事業」に関する調査研究が2004（平成16）年から推進された。障害をもつ人や高齢者，外国人を包括した視点で，現状分析や取り組み事例の検討をもとに，チェックリストや対応策，今後の展望を示し，博物館活動における位置づけの明確化に向けたアピールなどがおこなわれている[7]。すでにみてきたように，多くの博物館でも具体的な実践がおこなわれ，対応できるサービスを積極的に提示するところも増えてきている。しかし，なぜ博物館がユニバーサルなサービスに取り組むのか，その根底を明らかにし，理念や方針を社会に向け強く主張する博物館が今はまだ皆無に等しい。

　理念を明確に掲げ，その理解を図る努力をすることにより，遂行するスタッフや，さらにそれを見守る市民にも高い意識が育まれてくるのではなかろうか。だれもが利用できる博物館の理念を正しく認識し，共感の心をもって，すべての人を迎え入れる意識を強く自覚できる人がいてこそ，あらゆる人の利用に適うよう工夫されたハードも生きてくるに違いない (**写真15**)。

写真15　遮られた博物館入口の誘導ブロック
（悪意はないのであろうが，視覚に障害をもつ
人の入館を拒んでいるような印象を受ける）

(2) アクセスコーディネートの能力の獲得

アメリカやイギリスの活動をみると，すべての人が参加できるよう，博物館と利用者を結びつける役割を担ったスタッフの存在が，近年では大きな意味をもちつつある。アクセス・コーディネーターやアクセシビリティ・コーディネーター，あるいはそのプランナーとよばれる専門スタッフで，施設・設備や展示デザインにおける厳密な評価と改善計画の立案，教育プログラムの作成，連携のネットワークの構築などをおこなっている。彼らの存在は施設設備の充実に向けての貢献も大きいが，それ以上に，すべての人を迎え入れる理念や意識を博物館に育み，それを理解して活動する人材の育成にきわめて顕著な成果をみることができる。

日本の博物館では，アクセス・コーディネーターのような専門スタッフは確立していないが，理解の深い館長や学芸員に恵まれたところでは，彼らが中心となり，すべての人を迎え入れるソフト面の環境を整えることが実践されている。そこでは，利用者をわけへだてなく親切にもてなす心や態度，さらに障害をもつ人や高齢者，子ども，外国人への実際的な対応についての研修やトレーニングがおこなわれ，あらゆる人の利用を支援できる展示解説員や案内ボランティアが育ち，活躍する状況が生まれつつある。優れた人的環境の整った博物館では，これらのスタッフやボランティアがおこなうガイドツアーが人気を得ている。視覚障害をもつ人が博物館を利用する場合，ハードの整備以上に，さわれる展示と理解あるスタッフの存在に期待が高い，と指摘する調査結果もみられる[8]。すべての人を歓迎する意図を理解し，その意識をもって対応できる人材を，博物館は大切にしなくてはならないのである。

博物館の利用性を高め維持することを統括するアクセス・コーディネーターも，本来なら欠くことができない存在と思われる。しかし現状では，わが国の博物館の多くは学芸員が1名ないし2～3名で，全スタッフを合わせても数名程度の小規模館であり，専門スタッフの配置は容易ではない。けれども，このような地域の小規模な博物館こそが人々ともっとも近い関係にあり，あらゆる人の利用性の向上が求められる。すなわち，すべての博物館スタッフが，アク

セスコーディネートの能力の獲得に努力することが望ましいといえよう。また，博物館を創るのは専任のスタッフだけではなく，ボランティアや地域の各種の人材によって支えられるという発想の転換も必要と思われる。このような人たちとの連携と協力関係が，博物館の利用性を高めるための1つの鍵となるのではなかろうか。

　現代の社会は，世界的な人権問題に関する活動にあらわれているように，社会全体においてすべての人間の尊厳を侵しがたいものとみとめ，各人の生存や生活を保障する方向にある。したがって，だれもが学ぶことのできる博物館の実現は，人々の生命と暮らしを守るために取り組まれる戦争回避や環境保全などの人類課題と，同じレベルの問題だといえる。つまり，それは博物館の運営やあり方における1つの選択肢ではなく，日々の活動で博物館をつくっている人たちが，立ち向かって解決しなければならない必須の課題なのである。

註
1)　東京国立博物館編「7-4 田中芳男君の経歴談」『東京国立博物館百年史』資料編　第一法規　1973
2)　東京国立博物館編「付2 観覧者数一覧表」『東京国立博物館百年史』資料編　第一法規　1973
3)　米田耕司「Ⅳ-5 レクリエーション機能」『新版博物館学講座』4　雄山閣　2000
4)　"Accessibility for People with Disabilities" Smithsonian Directive 215, 1994
5)　Edited by John P. S. Salmen "Everyone's Welcome: The Americans with Disabilities Act and Museums" American Association of Museums, 1998
6)　"Code of Ethics for Museum" Museums Association, 2002
7)　2004〜2006年度の報告書が，「外国人対応」「バリアフリーのために」「高齢者プログラム」「高齢者対応」「欧米における博物館のアクセシビリティに関する報告書」の内容で11冊刊行されている。
8)　半田こづえ「視覚障害のある来館者の求める博物館のアクセシビリティに関する研究」『誰にもやさしい博物館づくり事業　バリアフリーのために』博物館の望ましい姿シリーズ10　日本博物館協会　2007

あとがき

　3年前，山形県天童市の「斎藤真一心の美術館」を学生たちと訪ねた。大正時代の小さな蔵を改装した建物には瞽女をテーマとした絵画などが展示され，館の雰囲気と作品が合致しており，情緒的な感動が静かに湧き出てくる味わい深い美術館であった。古建築のため，天井は低く階段は幅の狭い急な梯子段で，バリアフリーへの配慮はあまりおこなわれていない。けれども，ここに各種の手当てが重厚に施されたなら，独特な雰囲気から醸し出される深い感慨は失われてしまうだろう。あらゆる場面での完全参加を目指すユニバーサルサービスは不可能なのかもしれない，と学生たちと話し合った。

　昨春，大和の「山之辺の道」を古墳散策に歩いた。梅花が香り，いにしえの趣を残す小径を楽しむ多くの家族連れと出会った。途中に大神神社があり，信心深くはないのだがせっかくなので手を合わせてお参りし，少し清々しい気持ちになって参道を戻っていくと，長い石段下の鳥居の陰に車いすの少女がぽつんとさびしそうにしていた。気にかかり見ているとほどなく，父親と兄妹らしき人たちが本殿の方向から駆けて来て，車いすを押して帰っていった。石段に阻まれ，少女が家族と参拝できずにいたことに，ようやく気づいた。

　この場面に出合ったとき，彼女には神社にお参りの後の清々しい気持ちや，往古に想いを馳せる古道の散策，そして斎藤真一の哀愁の漂う作品から感動を得る機会が奪われていることを，強く実感した。多くの人が普通に得ている楽しさや学習や感動は，やはりすべての人で分ち合うことができれば，お互いが嬉しいはずである。"それは無理なこと"として片付けるのではなく，今より少しでも良い状況に向け，意識の構築や具体策を講ずる努力を積み重ねるべきで，それに終わりはやってこない。至極当然のことながらあらためてその思いを強くし，これまでの考察を整理して自らの考えや主張を明らかにし，ひとつ

のかたちにまとめたいと思った。そうして本書ができあがった。

　博物館のユニバーサルサービスにかかわる検討を私なりにはじめて，15年近くが過ぎた。主なものを順に並べると「博物館と障害者」(国府台5　1994)，「博物館の開放－発達障害をもつ人たちに対する視点－」(国府台6　1995)，「バリアフリー博物館への指向」(博物館學雑誌22－1・2　1997)，「博物館観覧者における心理的負担の一検討」(国府台8　1998)，「視覚型展示から知覚型展示へ」(国府台9　1999)，「すべてに人がいる博物館に向けて」(MUSEUMちば36　2005)となる。この間，障害をもつ人たちと博物館にかかわる問題は多くのところで議論・検討されるようになり，実際の対応も格段に変化し，向上してきた。けれども，当該問題は博物館における部分的な問題として，一部の人たちでは深まっているが，全体的な認識は未だ高くはないように感じられる。

　すべての人が集まり，だれもが支障なく利用できる博物館の実現に向けて考え，検討することは，人間社会に存在する博物館とはいったい何なのか，という博物館の根源に考えを至らす課題といえる。したがって，博物館をとりまくあらゆる人や博物館利用者がこの課題に目を向けることは，博物館の社会的存在を確立することに結びつくはずである。

　こうした考えに立ち，本書では博物館の社会的意義へのアプローチからはじめ，博物館が公教育機関であることを明示した。そのうえで，すべての人の博物館利用に向けて障害をもつ人にかかわる問題に視点を据え，そこから博物館におけるユニバーサルサービスの方向性の一端を示すべく挑んだつもりである。提示した各視座において検討の足りない部分はまだまだ多いが，次の課題としてさらに考えを進めていきたいと思う。

　本書の骨子は，上記したこれまでの論考をもとにしているが，一冊の書とするためにそれぞれ大幅な改訂・組み変えをおこなった。また，旧稿から時間も経過し，認識や意見を改めている部分も少なくないので，従来の見解をふまえた新たなものとして理解をいただければ幸いである。なお，本書で取り上げた各博物館の活動や考え方について，誤解や非礼の点があれば，何卒ご容赦をお願いしたい。

本書を刊行できたのは，日ごろより博物館にかかわる事がらのご指導やご教示を賜っている多くの人たちのおかげである。また，博物館の展示や施設の写真掲載に対して，各館の担当者から快い承諾とありがたいご配慮を得ることができた。そして学文社の三原多津夫氏からは，本書刊行について温かいご理解と多くのご助言をいただいた。最後になってしまいましたが，これらの方々に対し，深く感謝申し上げます。

　2008年1月

駒見　和夫

索　引

Museum Educator　23

あ

アクセス・コーディネーター　152
アジア太平洋障害者の10年　56
アッシュモレアン博物館　18
アメリカ自然史博物館　23
移動展示　106
茨城県自然博物館　94
茨木市立川端康成文学館　106
色温度　138
磐田市香りの博物館　121
インテグレーション　54
エコミュージアム　41, 42
江戸東京博物館　121
大阪市立自然史博物館　98, 118
大阪人権博物館　103, 105
大阪府立国際児童文学館　106
大阪府立近つ飛鳥博物館　119

か

ガイドツアー　152
ガイドレシーバー　81
神奈川県立生命の星・地球博物館　94, 103
かみつけの里博物館　123
岐阜県博物館　98
ギャラリー・TOM　66, 99, 101, 122
急激な社会構造の変化に対処する社会教育のあり方について　42
郷土化教育　32
公教育の全般的組織に関する報告および法案　18
高齢社会対策基本法　74
高齢社会対策大綱　75
高齢者，障害者等の移動等の円滑化の促進に関する法律　76
高齢者，身体障害者等が円滑に利用できる特定建築物の建築の促進に関する法律　74
高齢者保健福祉推進十か年戦略　73
国際障害者年　56
国際障害者年行動計画　56, 60, 73
国際博物館会議　35
国際博物館憲章　35
国立民族学博物館　105
こども童話館　105
コミュニティ・ケア　54
ゴールドプラン　73
今後5か年間の高齢者保健福祉施策の方向─ゴールドプラン21─　74
コンドルセ　18

さ

埼玉県立自然史博物館　99
サウス・ケンジントン博物館　21
堺市立平和と人権資料館　105
サテライト・ミュージアム　131
佐野常民　30
参加型展示　110, 111, 117
ジオラマ展示　134
視覚型展示　108, 127
視覚教育の展示　112
視覚教育の場　109
色彩計画　139
磁器誘導ループ装置　83, 104
静岡県立美術館　106, 121
資生堂企業資料館　143
施設ボランティア　48
親しむ博物館づくり事業　100, 110

児童福祉法　　54
集古館　　28
重点施策実施５か年計画　　75
手話の展示ガイドツアー　　105
生涯学習の整備について　　43
生涯教育について　　40, 43
障害者基本計画　　75
障害者基本法　　56, 73
障害者権利宣言　　56
障害者自立支援法　　58, 76
障害者青年学級　　60
障害者対策基本法　　55
障害者対策に関する新長期計画　　73
障害者対策に関する長期行動計画　　73
障害者の権利条約　　60
障害者の権利宣言　　56, 60
障害者の雇用の促進等に関する法律　　56
障害者の10年　　56
障害者福祉都市推進事業　　73
障害者プラン―ノーマライゼーション
　　７か年戦略―　　74
触知図　　93
新ゴールドプラン　　74
身体障害者雇用促進法　　54
身体障害者の利用を考慮した設計資料集成
　　81
身体障害者福祉法　　54
身体障害者福祉モデル都市　　72
推奨照度　　137
スミソニアン協会　　149
スローン，H.　　21
精神衛生法　　54
精神薄弱者の権利の宣言　　56
精神薄弱者福祉法　　63
精神保健法　　56
生理的随伴現象　　129
世田谷美術館　　66
仙台市天文台　　103

た

大英博物館　　21, 150
大学南校物産会　　25
体験展示　　110, 111, 117
対話型の展示　　148
タッチ・ツアー　　106
田中不二麿　　28
田中芳男　　28
棚橋源太郎　　16
誰にもやさしい博物館づくりの事業
　　151
地域における生涯学習機会の充実方策に
　　ついて　　43
知覚型展示　　108, 112, 124, 126, 127
長寿社会対策大綱　　73
長寿・福祉社会を実現するための施策の
　　基本的考え方と目標について　　73
通俗教育　　32
手でみる美術展　　66
出前講座　　106
点字案内パンフレット　　101
展示照明　　137
動線計画　　132, 133
トーキングサイン・ガイドシステム　　94
富山県埋蔵文化財センター展示室　　143

な

内国勧業博覧会　　30
中山晋平記念館　　121
名古屋市博物館　　98, 121
新潟県立歴史博物館　　104, 105
ニーズ型福祉　　69
日本新聞博物館　　105
入館料控除措置　　96
ねむの木子ども美術館　　66, 143
ノーマライゼーション　　54

は

博物館国際事務局　　35

博物館の整備・運営の在り方について　40
博物館をあらゆる人に開放する最も有
　効な方法に関する勧告　35
箱型福祉　69
発達障害者支援法　58, 63
ハートビル法　74
浜松市楽器博物館　121
バリアフリー　57
ハンズ・オン展示　41, 42, 110, 111, 117
ビクトリア・アルバート美術館　150
彦根城博物館　105
ピナコテーク　17
兵庫県立人と自然の博物館　106
復元展示　134
福沢諭吉　23
福祉のまちづくり条約　74
ふるさとわらべ館　105
ボストン美術館　23
ホーニマン博物館　150

ま

マーレー, D.　16
町田市立国際版画美術館　66
町田久成　28
マリーンパレス大分生態水族館　97
三鷹の森ジブリ美術館　103
宮崎県立西都原考古博物館　102
ムゼイオン　16
メトロポリタン博物館　23
文部省博覧会　27

や

山形美術館　143
山梨県立科学館　102
ユニバーサルサービス　51, 57, 112, 127
ユニバーサル・デザイン　57
ユニバーサルデザイン大綱　75

ら

ラングラン, P.　36
リハビリテーション　57
劣化現象　132
老人福祉法等の一部を改正する法律　73

わ

和歌山県立自然博物館　98, 121
和洋女子大学文化資料館　112, 143

[著者紹介]

駒見　和夫（こまみ　かずお）

1959年，富山県に生まれる。東洋大学大学院文学研究科修士課程修了。
博士（歴史学）。
現在，明治大学文学部教授，和洋女子大学名誉教授。専門は博物館学と日本考古学。

博物館学に関する論文・著書は，
「バリアフリー博物館への指向」（博物館學雑誌22-1・2　1997）
「博物館における教育の意義」（国府台11　2001）
「すべての人がいる博物館に向けて」（MUSEUMちば36　2005）
『博物館概論』（共著　学文社　2005）
「博物館資料の地域学習教材化に向けた基礎研究」（日本ミュージアム・マネージメント学会研究紀要11　2007）など

だれもが学べる博物館へ
──公教育の博物館学

2008年2月20日　第1版第1刷発行
2023年1月30日　第1版第4刷発行

著　者　駒見　和夫

発行者　田中　千津子　〒153-0064　東京都目黒区下目黒3-6-1
　　　　　　　　　　　電話　03（3715）1501（代）
発行所　株式会社　学文社　FAX　03（3715）2012
　　　　　　　　　　　https://www.gakubunsha.com

© Kazuo KOMAMI 2008　　　　　　　印刷所　新灯印刷

乱丁・落丁の場合は本社でお取替えします。
定価はカバーに表示。

ISBN978-4-7620-1761-2

関口礼子編著
新・生活のなかの図書館
四六判 256頁 定価 2100円

図書館は，過去の叡智の宝庫であることはもちろんであるが，いまや新しい情報を得るための場ともいえ，これがメインの役割になってきている。インターネットの利用など情報化に対応した新図書館論。
0920-4 C3000

金沢みどり著
図書館サービス論
A5判 156頁 定価 1890円

これから図書館司書を目指す人々を対象に，図書館サービスについて，できるだけ最近の例を挙げながら，わかりやすく叙述した。今般の情報化,図書館協力,著作権問題の知識については独立して章立てた。
0877-1 C3000

渡辺重夫著
司書教諭のための
学校経営と学校図書館
四六判 224頁 定価 2100円

司書教諭への期待が増すなか，学校図書館に課せられた役割とは何かを念頭におきつつ，司書教諭が学校現場で役立つ内容を意識し構成。理念・目的，その位置づけ，経営・運営等。
1235-8 C3000

大堀 哲編
博物館概論
A5判 192頁 定価 1890円

ベテラン・気鋭の執筆陣による「市民の視点に立ち，市民と共に創る博物館」の実現のために必要とされるマネージメント，コレクション，コミュニケーションの3点を重視した新たなテキスト。
1404-8 C3000

大堀 哲・斎藤慶三郎・村田文生著
生涯学習と開かれた施設活動
A5判 200頁 定価 2100円

生涯学習関連施設において，それぞれの施設目的にかなう利用を促進し，活発な学習活動を展開するため施設はどうあればよいか。施設運営，事業のあり方を現場責任の立場からまとめた施設運営実践論。
0556-5 C3037

鈴木眞理著
ボランティア活動と集団
——生涯学習・社会教育論的探求——
A5判 320頁 定価 2625円

生涯学習・社会教育の領域においてボランティア活動・集団活動の支援はどのようになされているのか，その課題はどのようなものであるか等を，原理的なレベルから掘り起こし，総合的に検討する。
1282-2 C3037

松岡廣路著
生涯学習論の探究
―交流・解放・ネットワーク―
A5判 240頁 定価 2520円

フレイレの教育論のテーマである「解放」に根ざし，これまでの社会教育・生涯学習論のパラダイムの超克をめざして，インフォーマル・エデュケーションを中心にすえた新しい教育を探究する。
1617-2 C3037

畑 潤・草野滋之編
表現・文化活動の社会教育学
―生活のなかで感性と知性を育む―
A5判 256頁 定価 2520円

表現・文化活動の総論，特性と文化行政，実践と美的価値，現代文化と民衆文化運動の歴史について解説。それに加えて，社会教育学の探究主題に表現・文化活動をあてた新しい構想を提起する。
1646-2 C3037